吸引力是这样炼成的

拥有超强人气的秘诀

[美] 莉尔·朗兹 Leil Lowndes ◎著
苏西 ◎译

How to Be A People Magnet

Finding Friends—and Lovers—and Keeping Them for Life

上海社会科学院出版社
SHANGHAI ACADEMY OF SOCIAL SCIENCES PRESS

For my Chinese readers

I am honored and thrilled that you have invited me to share these communication techniques with you.

I send personal greetings to my many email friends and followers in your wonderful country.

With great respect and affection,

Leil Lowndes

致我的中国读者

受到你们邀请分享这些沟通技巧，我倍感荣幸和兴奋。

在你们神奇的国家，有很多朋友给我发来电子邮件，也有很多我的追随者，我谨向他们致以亲切的问候！

莉尔·朗兹

谨以此书献给

我最亲爱的朋友希奥尔希奥（Giorgio）和菲尔（Phil），

是你们让我懂得了爱和友情的含义

目录

contents

第 1 章　上路前的准备　1

准备 1　朋友、爱人和骑士　3

准备 2　人气磁石的秘密　11

准备 3　拥有这本超级管用的书　15

第 2 章　让陌生人马上喜欢你　19

妙招 1　真心喜爱最重要　21

妙招 2　在所到之处播撒阳光　26

妙招 3　让每一个人都感到自己很特别　29

妙招 4　谢谢你，因为……　32

妙招 5　轻轻一触，魔力立现　34

妙招 6　展现真诚的微笑　37

妙招 7　不可思议的读心术　39

妙招 8　注意自己的措辞　44
妙招 9　学会倾听术　48
妙招 10　消灭致命的 FUD 因子　52
妙招 11　美，源于自信　58
妙招 12　像皇室贵胄般进入房间　65
妙招 13　握手的学问　68
妙招 14　拥抱的学问　74
妙招 15　自信交谈的秘密　78
妙招 16　害羞真要命　82
妙招 17　做一个自信的人　87

第 3 章　获得真挚永恒的友情　95

攻心计 1　每个人都需要朋友　97
攻心计 2　友情的第 1 条戒律　105
攻心计 3　给朋友一个甜蜜的惊喜　110
攻心计 4　哥们，我非常在乎你　114
攻心计 5　投其所好　117
攻心计 6　礼物的力量　121
攻心计 7　坚持自己的原则　124
攻心计 8　举手之劳，造就职场好人缘　127
攻心计 9　打破圈子和派系，接纳不合群的人　131
攻心计 10　靠近“另类”　134

攻心计 11　结识能改变你人生观的朋友　138
攻心计 12　尽情发挥你的优势　144
攻心计 13　敞开心怀，拥抱多元文化　148

第 4 章　丘比特的秘密　153
秘密 1　为何偏偏爱上他　155
秘密 2　用科学捕获丘比特　159
秘密 3　如何让深挚美好的爱情出现　163
秘密 4　把朋友变成爱人　167
秘密 5　如何让爱火不熄　169
秘密 6　魔镜魔镜告诉我，谁更容易爱上我　173
秘密 7　行动起来，走出家门　176
秘密 8　主动出击　180
秘密 9　淑女如何应答　186
秘密 10　绅士如何搭讪　189
秘密 11　如何下台阶　192
秘密 12　追求也要讲创意　194
秘密 13　他（她）不开心时该怎么办？　198
秘密 14　他为何竟然不肯帮忙？　203
秘密 15　亲爱的，你会怎么做？　209
秘密 16　我抱怨的不是你　212
秘密 17　用甜蜜的话语俘获芳心　216
秘密 18　请理解他的沉默　219

第 5 章　招募我的圆桌骑士　227
手法 1　破除对人脉关系的成见　231
手法 2　未雨绸缪　234
手法 3　才干分享指南　236
手法 4　买份“朋友保险”　240
手法 5　远亲不如近邻　245
手法 6　寻找昔日的朋友和爱人　250

原书参考文献　253

书后附言　259

第 1 章　上路前的准备

我敢打赌，你肯定认识几个能称作“人气磁石”的人。我不是说这些人特别漂亮、特别有钱，或是特别聪明。可是，他们走进满是陌生人的房间，人们会展颜微笑；走进单身酒吧，人们会抬眼凝视；他们走到谈判桌前，对手会本能地觉察出：“这人很厉害。”其实，这些人拥有的东西你也有，没准你比他们拥有的还多呢！这正是本书要告诉你的。

准备 1

朋友、爱人和骑士

“朋友的帮助让我渡过难关。”约翰·列侬曾唱道。但这话可不仅仅是一句歌词。咱们大家都需要朋友的帮助。就算今天用不着，明天、后天，总有一天会用到。有的人从未意识到这一点，等到他们想起的时候却为时已晚。他们投资股票、债券或房地产，以为金钱能带来孜孜以求的安全和幸福感。但可悲的是，他们忽略了人生中最重要的投资，没有把时间用在寻找、结交、呵护真正的友情和真挚恒久的爱情关系上。

有些时候，我们简直是一群傻瓜，被性遮蔽了双眼，因而看不见两性之间的真爱。倒不是说小鸟和蜜蜂（birds and bees，比喻女人和男人。英文中给孩子讲性知识的时候常常会用这个隐语。——译者注）有什么错，咱们在后文中会讲到这些迷人的小东西。但是，在咱们的讨论中不会有虚构的神话，也不会有离谱的所谓魔力之说。我们要现实而真切地看待爱和性，因为爱情鸟总是咏唱着甜蜜的谎言，小蜜蜂又总是蛰得人剧痛无比。我们还要谈谈友情，因为随着我们日益成熟，同性和异性间的友情会在生活中占据越来越重要的地位。[1]

在这本《吸引力是这样炼成的》一书中，我们要探讨以下几类关系。

柏拉图式的友谊

根本没这回事!（真有这种事儿？）

很多人，尤其是男人，认为男女间根本不可能有柏拉图式的友谊（也就是不牵涉性的异性友情），除非双方觉得彼此根本不来电。

人们对柏拉图式友情的定义也各不相同，这把问题搞得更加复杂。我请一位女友给这个词下个定义，她迅速给出了答案，一丝感情都不带:“就是跟一个你尊敬、欣赏的男人之间的友谊嘛，跟他上床要么没好处，要么你根本没那个欲望。”

随后我请一位男性朋友对此下个定义。他的回答饱含着焦虑和担忧:“柏拉图式的友情，实际上就是一个残酷的一眼就能看穿的拒绝策略。男人对漂亮女孩子表达爱意的时候，这女孩子一句话就能把他敲成碎片——‘我只想和你做朋友’”。他停了一下，捧着头，伤心地加了一句，“把那蠢蛋的心撕成好几瓣。”他承认，以前有个女孩子跟他说过这种“只想和你做朋友”的话，这重重地伤了他的心。

不好意思，如果我可以插一句的话（毕竟我是作者嘛），我认为异性之间绝对有柏拉图式的友情，我自己就有个这样的朋友。事实上，他不止是我的“朋友”，他还是我的室友！（纽约昂贵的房租造就了这种怪异的人际关系。）菲尔（Phil）把他和柔弱异性间的光荣胜利与伤心惨败对我和盘托出，他的这些亲身经历验证了本书引用的不少理论，把它们变得更加真实生动。

当然喽，还有爱情

爱情的魔力让世界运转起来，生生不息

是啊，没错，爱情。男女之间的爱情是如此神奇，又如此不可思

议，以至于人们都没法给它下个定义。在所有的情感中，它的威力恐怕最为强大——让人头晕目眩，失去理智，可奇怪的是，人们最渴望得到的就是它。我们常说，在爱情面前我们毫无办法。我们不会说自己意外地“陷入友情”，或是“陷入人脉关系”，可我们会说“陷入情网”，就好像我们情非所愿地上错了船似的。

一旦我们登上了爱的小船，绝大多数人都不记得要检查一下船身，看看有没有破洞。我们甚至连航海图都不看，也懒得去想这段感情会把我们带向何方！阳光多么明媚啊，我们微笑着，把风帆升起来，任由海风带我们驶向大海。

他打电话来了？他送花来了？他说他爱你？这就好像一波巨浪，把你推向高高的浪尖，你觉得自己好像身处世界之巅。你笑啊，说啊，哼着小曲，跳着舞步，跟他尽享鱼水之欢，整个世界都在旋转。

她说她还没做好准备，没打算谈恋爱。她只想跟你做朋友？你怀疑她在跟别人约会？一个浪头砸过来，把你闷在里头，你觉得自己就快淹死了。

如今，阳光不再明媚，天上乌云密布，狂风暴雨就要袭来。大风和海浪打得你睁不开眼，你没法驾驭这段关系，稳住这艘颠簸的爱船。这成了一场永远醒不过来的噩梦！

我们会用很多篇幅来讨论爱情——如何获得爱，如何给予爱，如何留住爱。你也会上几节“航海课”，学会避开暴风雨。

男人间的友情

“哥们，我非常在乎你！”

19世纪，男人之间十分亲密，他们彼此分享生活中最私密的细节，给对方写深情款款的信，甚至还会睡在一张床上。同性恋吗？绝

对不是！人们不但允许这种友谊存在，而且无论男女都十分尊重这种情谊。[2] 可如今，一提到男人间的深厚友情，男人们就像尾巴上绑了个空罐的小狗，忙不迭地逃开了。

事实上，有些男人甚至连“我的朋友”这几个字都不好意思说。我在大学时期的好朋友曼尼就是这样。多年来，我常听他提起他最好的朋友约翰。他会这么说：“约翰啊，他是我哥们。”有时他会把“哥们”置换成“兄弟”，或者是“死党”。

要是非说“朋友”这俩字不可，他就在前头加上一串雄赳赳的形容词。我着手写这本书的时候曾经问他，“曼尼，你有多少个男性朋友？”曼尼挠挠头，好像第一回听说朋友这个词似的。“朋友？你是说那种一块扛过枪一块同过窗的朋友？”

“曼尼，这么说也行。可是，跟你关系不错的男生中，除了那些只会跟你一起泡妞、喝酒、打球的家伙，难道就没有别人了吗？没有那种真正了解你、理解你的人吗？”

他耸耸肩，说道，“理解？男人不需要百分之百的理解。”从他那洋洋自得的笑容里，我能嗅出一丝味道——他对这番高见很是得意。

“那好吧，那你跟谁分享心情和感受呢？”当我问出这句话以后，他的得意马上消失得无影无踪。

曼尼挠挠脖子，说：“得啦，莉尔。你不是要跟我来罗伯特·勃莱（Robert Bly，美国“深度意象派”的代表诗人。——译者注）那一套吧？我知道你的意思，但我可不是那种娘娘腔，跑到森林里脱光光，又是敲鼓又是跳舞的，去发现什么婴儿期的自我。

“女人想让我们表达情绪（说到这个词，他眉头皱了一下），因为她们认定我们是有情绪的。当然，有时候我们也有那么一点儿。可它们隐藏在水底下，要是我们把它们弄到水面上来，就不对劲啦。”然后，曼尼抬起一根指头，往空中戳了戳，像一个哲人似的说道：“精灵

有神力，是因为它藏在瓶子里。”

接着他又补充了一句：“你自己琢磨去吧！”

我决定不跟他理论了——回头再说。

谁是友情专家

“唉，为什么男人就不能像女人那样呢？”

一提起友谊，恐怕绝大多数女性都会这么问。我们总爱自封为“友情专家”，可我们真的名副其实吗？

你觉得友情专家的定义是什么？如果你认为友情专家就是“有一大群朋友”，那么女人肯定是。[3] 如果你认为是“对彼此没说出来的话十分敏感”，那么女人是。[4] 如果你认为是“对女性朋友的感情比对世上所有人都深”，那么女人是。（有项研究表明，比起老公来，不少女性更喜欢自己的闺蜜！）[5] 如果你认为友情专家是“会谈论友谊、比男性更加坦诚地承认友情的存在”，那么女人是。[6] 如果你问，长大后谁能从同性朋友那里获得更多慰藉，答案是女人。如果你认为是“了解朋友们的私密生活细节”，那么女人是。[7]（长途火车上，要是两个女人邻座，那火车到站的时候，她们都能以对方为蓝本写出一部小说。要是两个典型的男人邻座，两年以后，绝大多数人都不知道对方的太太叫什么名字——没准连人家有没有太太都不知道！）

如果你认为友情专家“懂得有朋友能让你更长寿，增强你的免疫系统，延缓衰老，减少患感冒、流感、高血压和心脏病的概率”，那么女人肯定是。[8] 一切证据都颇为有力地证明，在友情方面女人懂得更多。但女人真能称得上是专家吗？这个问题咱们回头再说。

人脉关系

你的骑士军团里都有谁？

想去度个长假的时候，人们会说：“运气真好，我们的朋友汤姆是旅行社的。”碰上官司，人们会说：“运气真好，我们的朋友劳拉是律师。”如果家里的小狗古菲病了，这句话就变成了：“运气真好，我们的朋友维妮是兽医。”这些事情人们迟早都会碰到，每次他们都这样说。尽管如此，如果你喜欢打赌的话，你可以放心大胆地押宝——某些事情永远不会发生，而有些事情却总会遇到，而且总是令你措手不及。

当你决定环球旅行的时候，当你因为往家门口扔了个香蕉皮而被人起诉的时候，当小狗古菲病恹恹的时候，你的朋友汤姆、劳拉和维妮会倾力帮忙。这纯粹是你运气好吗？

如果你聪明的话，就知道这不单靠运气。每个人都需要汤姆、劳拉和维妮这样有各种专长的朋友，需要帮忙的时候可以向他们求助。我把这些人——无论男女——称作“骑士”。

为了把这个比喻解释清楚，我要回到小时候的场景里去……我穿着法兰绒睡衣窝在床上，抱着毛毛熊，迷迷糊糊地快要睡着了。妈妈给我念着最爱听的故事……

有把宝剑嵌在了石头里，谁能把它拔出来，谁就能当国王，可没有一个人能拔得出来。直到有一天，一个脸上长着雀斑、名叫亚瑟的男孩子把剑抽了出来，就像把刀子从黄油里抽出来那么轻而易举。于是他成了亚瑟王，还娶了一个名叫吉娜薇的大美女。我最爱的那一段是婚礼之后，魔法师梅林站起来向亚瑟王和新王后吉娜薇祝酒。他清清喉咙，庄严地说道：

“今时今日，就是圆桌骑士制度的第一天；你们每人都有一个席位。

没有哪个席位比别人的更尊贵。如果某个骑士牺牲了，另一个就会补上，而椅子上的名字会自动换掉。”他继续说：“现在，我就把你们托付给贤明的国王陛下了。再见，愿上帝保佑你们每一个人。”

梅林走了以后，亚瑟王站起身来，请大家肃静。进入梦乡前，我最后听到的话往往是亚瑟王在逐一询问骑士们，“你们对国王忠心耿耿吗？对彼此忠诚不贰吗？”有时候，我强撑着不肯睡，要听150个骑士一个个按顺序说出神圣的誓言：“我为人人，人人为我。”可往往听到第四个或第五个的时候，我就睡着了。

没听着也不可惜，因为我的骑士们会在梦中再度现身。他们会杀掉鼻子里冒着紫烟和橘色火焰的喷火巨龙，拯救落难的少女。这些情景让我一整天都觉得很安全。我真心相信亚瑟王和圆桌骑士们都是真的，万一我遇见危险，他们会奇迹般地出现，救我于水火之中。

可是，就像亚瑟王终有一天要失去梅林的陪伴而独自执政一样，我也长大了，不得不独自面对这个世界，不再以为亚瑟王和骑士们真有其人其事。所以，我现在用真人替换掉了英勇的神话人物。我有骑士，男女都有。如果我遇到麻烦，他们会前来帮我杀掉恶龙，救我于水火之中。当然了，只要在我力所能及的范围内，我也会帮他们杀掉恶龙。我为人人，人人为我。用现代的词语来说，这就叫作人脉关系。每个人都需要有个健康的人脉网。

我凭什么这么说？因为有一年夏天，我碰上了一件非常不幸的事情，后面我会告诉你的。要是我能重新选择的话，我绝对不希望它发生。可是，这件事彻底改变了我的人生，让我意识到爱情和友情是人生中最重要的事情。

所以，如果你做好了准备，打算用友谊、爱情和超级棒的“人脉支持系统”来充实人生，那咱们就上路吧！换上新笔芯，这样你就可以签署书中的誓约，也可以把想要重读的段落标注出来。你正在制订

一个能让你的余生变得更加丰富多彩的计划。或许有一天，它还能挽救你的人生——就像我曾经经历过的那样。

顺便说一句，在精心设计这份计划的同时，别忘了享受整个过程。正如约翰·列侬尚未在达科塔的车道上遇刺之前写的：

“生活就是你在忙于制订计划时发生的一切。”

准备 2

人气磁石的秘密

我敢打赌，你肯定认识几个能称作“人气磁石”的人。我不是说这些人特别漂亮、特别有钱，或是特别聪明。可是，他们走进满是陌生人的房间，人们会展颜微笑；走进单身酒吧，人们会抬眼凝视；他们走到谈判桌前，对手会本能地觉察出：“这人很厉害。”

如果他们是单身，人人都想跟他们约会。如果他们结了婚，充满激情的伴侣会倍感庆幸。如果他们需要帮忙，忠心耿耿的朋友们会赴汤蹈火，在所不惜。

别急！这些人拥有的东西你也有，没准你比他们拥有的还多呢！那秘密究竟藏在哪儿？

这就是《吸引力是这样炼成的》要告诉你的。

梦寐以求的本领

从我们还是小娃娃、摇晃着婴儿床的栏杆企图引人注意的时候起，直到寿终正寝的那一刻止，我们总是希望赢得别人的喜欢。孩子们把这叫作“受欢迎”，大人们则更喜欢“个人魅力”或“领导力”的说法。但是，就算不同的世代用着不一样的词汇，可大家都知道这是什么东西，而且人人都想得到它。

通常，人们把这个梦寐以求的本事分成三个部分。在工作中，他们叫它“沟通技巧”；与陌生人交谈自如时，它被称为“社交技巧”；当空气中弥漫起爱意，首要目标是赢得芳心的时候，他们叫它“吸引力”。

我对这些进行了广泛而深入的研究，做了多场演讲，针对各个部分都写了书，现在我要告诉你一个小秘密。这三样其实是一回事！说穿了很简单，掌握了这背后的本质，人们就会喜欢你，想要成为你生活的一部分。在这本《吸引力是这样炼成的》中，我们要学的就是这种核心能力。每一章都会教给你寻找忠诚朋友和真挚爱情的方法，从而让你的人生变得更加丰富多彩。

在本书的第 2 章“让陌生人马上喜欢你”里面，你会找到增强自信以及在派对上如鱼得水的方法。这部分还会教你一些可爱的小窍门，让你无论去哪儿，都能一路播撒阳光，让陌生人绽开笑颜。

第 3 章“获得真挚永恒的友情”说的是如何寻找友谊，并且留住它们。它教你寻找形形色色的人来充实并提升自己的人生，还会教你如何说到做到——绝大多数人可是光说不练的。莎士比亚曾经说过，“世界是个大舞台，所有的男男女女不过是演员。”你希望自己的生活中出现哪些角色？这部分内容会帮你进行挑选，然后教你如何赢得并留住他们的心。

在第 4 章“丘比特的秘密”，你将看到一些令你惊讶不已的事实——那个胖乎乎的狡黠小天使拼命要瞒住我们，不让我们知道，可最近的研究已经让这些秘密曝了光。我们已经把这些珍贵的秘笈转化成了爱情良策，你可以用来吸引心上人，并且留住爱情！

第 5 章“经营人脉关系”帮你寻找身怀各种技能的人，构建一个坚实可靠的支持网络。就像亚瑟王和他的圆桌骑士一样，你将拥有一支护卫军，说不定哪天就会拯救你的人生——就像我曾经历过的一样。

消灭“人气驱逐剂”

在这本书中，我们要努力消除天字第一号“人气驱逐剂”：恐惧、不确定感、怀疑，也就是致命的 FUD 因子（即恐惧 Fear，不确定 Uncertainty，怀疑 Doubt。——译者注）。

诺曼·文森特·皮尔（Norman Vincent Peale，1898~1993，世界知名的牧师、演讲家和作家，著有《积极思考的力量》，是“积极思考”理论的创始人。——译者注）用了 25 年时间，想要消灭 FUD 因子。他知道，这个世界已经充斥着太多杞人忧天和爱煞风景的人，这些人深信，世界给予他们的唯有折磨。自诺曼以来，成百上千的励志大师都试着把积极的思维方式注入我们心中，教我们驱除这些因子。可说易行难，仅仅站在椅子上，捶胸顿足地大喊几声“我是最棒的！人人都爱我！”你还是赶不走 FUD 因子。

就连戴尔·卡耐基也试图教我们如何赢得朋友、影响他人。他做得很不错，可他忽略了一个极其重要的因素。俗话说，一人难称百人意。寻觅朋友和爱人的时候，单凭一个类型是无法满足所有人的需要的。那些能够主动挑选朋友和爱人的人在多年前就已经发现了这个错误。

成功学的教练们还犯了一个错：他们传授的是“他们认为有效果的那些做法”，或者说，哪些是对他们起效的做法，而不是被世界各地负责任的研究者们证实了的方法。《吸引力是这样炼成的》不同于其他讲解人际关系的书，原因在于我讲出来的所有东西都有相应的社会学、人类学或心理学研究来支持。

大多数励志大师还会犯这样的错误。他们告诉我们该怎么做，可

随后都不肯等一等，看我们是否同意。他们在讲坛上布道，然后走下来接受热情的掌声，但听众们很少做出履行的承诺。或者，他们把这些写成一本书，可读者翻完最后一页就把书放到了一边——往往也把“付诸实践”放到了一边。

这本《吸引力是这样炼成的》可不会让你这么干！我会请你拿着笔读这本书，跟自己签下契约，也在心底签下“我一定要付诸实践”的承诺。

准备 3

拥有这本超级管用的书

讲人际关系的书很多，但这本书与众不同——你将学到很多具体的方法，这些方法会提升你的能力，帮你变成“人气磁石”。理论读起来虽然有趣，可是真正的成长还是需要你不断地实践。

这不是一本书，这是一份合同

《吸引力是这样炼成的》绝对有效的第一个原因是：这是一份合同，一份非常私密的合同，这是你和你自己签下的心理契约。

受人尊敬的词典编纂家诺亚·韦伯斯特（Noah Webster）已经故去多年，但他的话仍时常被人引用。关于“合同”二字，他给出的定义是这样的：“合同是一个有约束力的协议，通常在两人、多人或多方之间签署。”既然我们内心都有“两种或多种声音”，我们就姑且把它叫作“双方合同”吧。

女人照镜子的时候，心里总会出现这样的对话：

第一个你：今天我该不该穿这条旧牛仔裤？

第二个你：算了吧，你穿上这玩意就像个鼓鼓囊囊的破

沙发！

第一个你：没那么糟糕吧，紧身牛仔裤比较性感。

第二个你：你说什么？开玩笑吧你？全是一坨坨的赘肉！

或者说，你是个正在进行内心交战的单身男人：

第一个你：我该不该约她出来？

第二个你：当然不应该了，傻瓜。她会拒绝你的。

第一个你：唔。可我要是不问，就永远不知道啊。万一她答应了呢？

第二个你：你？想得美！她那么个大美女，怎么会跟你这个歪瓜裂枣的蠢蛋约会？

你内心的两个声音就这样争来斗去。但是，别担心，你很快就会知道，该如何让这交战的双方签订合同，让你最棒的一面总是胜出。

这份合同有很多条款。要是你没法每条都做到，没关系。因为到目前为止，我也不能全都做到。我只有一个请求：请你认真地思考每一条款。然后，如果你愿意把哪一条融入自己的生活，就请你在旁边的线上签下你的大名。适用于男性的“条款”旁边标有♂，适用于女性的标有♀。同时标有两个符号的，则是男女都适用。

“合同”背后有社会学研究的支持

《吸引力是这样炼成的》绝对有效的第二个原因是：几乎全部条款的背后都有客观中立的社会学研究作支撑。

我预先要提醒你哦，绝大多数研究文章的写作风格都很怪异，我称之为“学究腔”。这种古怪的学术写作风格在精确性方面能得 10 分，可在易读性方面只能得 2 分。请看个例子。给你 30 秒时间，看看下面这句话：“若某个概念的分析水平可能导致争议，克莱恩等人建议，使用允许以恰当分析水平来实证检验的衡量方式，如此则研究的正确性和公平性会得到加强。”

看懂了吗？要是看懂了，那你的阅读水平比我强多了。这句话的意思就是，“要是你对结果没有把握，最好换个容易衡量的检验方法。”

可不管怎么样，我带着兴奋的心情从容地在研究结果中辛勤耕耘着。这些研究告诉我们一些至关重要、不可或缺的信息。比如，为什么看《飞跃贝佛利》或《飞跃情海》（即美剧 Beverly Hills 90210 和 Melrose Place。前者讲的是一群住在洛杉矶著名富人区贝佛利山的年轻人的生活故事，播放了整整 10 年。后者是它的衍生剧。——译者注）这样的老电视剧会对你的健康有害，可看《罗丝安娜》或《风流记者》就不会；当女人遇到了麻烦事的时候，为什么有些事男人很乐意帮忙，有些事却不乐意——还有，他们是怎么区分这两种事情的？

我接受了这些令人惊异的研究结果，并把它们转换成通俗易懂的语言。有时候，我担心自己把它们弄得过于通俗。希望你和那些严肃认真的研究者原谅我改变了这些深刻成果的语言风格。

本书包含上千人的实证经验

《吸引力是这样炼成的》绝对有效的第三个原因是：它包含了上千人的实证经验——这些经验来自我开设的人际关系研讨会。

8 年来，我一直在全世界的英语国家里举办沟通技巧和人际关系的研讨会，我从学生那儿学到的大概跟他们从我这儿学到的一样多，

尤其是在“两性间的误解”这个主题上。从会议室到卧室，再到其他地方，男女间的误解从未中断。可他们总是犹豫着，不敢问对方“你为什么要……”，或者是“你对……的真实感受是什么？”

在我主持的公司研讨或大众讲座中，听众们可以用匿名的方式把问题写在卡片上，只需标出“男”或“女”就行了。这样一来就不会有提问的尴尬。我随后会把问题拿出来做小组讨论，请女性回答男性提出的问题，然后再反过来。只公开提问者的性别，会让异性群体十分团结，他们给出的答案往往令人惊愕，却又非常真诚。

有了这三条保证，你就可以完全放心，动笔签署那些能把你塑造成人气磁石的合约条款吧，它们会把那些想要结交你、爱你、支持你的人统统吸引过来。

第 2 章　让陌生人马上喜欢你

每当我走进一个全是陌生人的房间时，我会锁定房间那头的“虚拟朋友”，像王室人物般高贵地向他们走去，每经过三四个“老熟人”，就对那些人点头示意一下。走到目标地点后，我会跟另一个独自待着的人开始聊天——这个人会觉得很荣幸，因为我显然是个朋友遍天下的人，却过来跟他搭话。

妙招 1

真心喜爱最重要

回想一下你的大学或高中时代。想想那些白马王子、舞会皇后、拉拉队长，也就是那些很酷的孩子。在绝大多数学校里，这些孩子都是众人艳羡的对象。校园里人人都争相效仿他们的穿着、走路的姿态、说话的样子；人人都想让别人看见，自己在课间的时候和这些人混在一块儿。如果你像大多数青少年一样，你多半很想跟他们约会，或是跟他们称兄道弟。你想要他们喜欢你，想要沾沾他们身上的超高人气。

可是，在内心深处，你真的喜欢他们吗？我是说，真心诚意地喜欢他们吗？咱们来做个测试。假如你正在一个湖上泛舟，突然听见两个不会游泳的男孩子在一个迅速下沉的小竹筏上哭喊，“救命啊，救命啊！”你慌忙划过去，发现其中一个是布拉德，学校里的白马王子。另一个是……噢，不会吧，怎么是他！那是德克斯特！他是你的老邻居，你们从小一起玩到大，这笨孩子天天跟在你屁股后头，对你忠心耿耿。你的独木舟极其窄小，只够救下一个人。

现在，请你一只手放在心口上，一只手放在圣经上。说真心话，你会救谁？德克斯特？当然了。我是怎么知道的？因为最新的研究表明，校园里我们所谓的“受人追捧”和“被人喜欢”不是一码事。很

惊讶吧！而当危难来临的时候，我们会先帮助真心喜欢的那个人。

“受人追捧”不等于“被人喜欢”

有个现象很奇怪，可全世界都是如此——只要两三个孩子凑在一块儿，他们就会排出个等级次序来，就像农场里鸡的啄序（即 pecking order，生物凭打斗分出等级，强者优先。之所以叫这个名字，是因为啄序现象最早是在鸡群中发现的。——译者注）一样。随便问个一年级的娃娃：“你们班上谁最受欢迎？谁最不受欢迎？”小家伙立马就能告诉你答案。[9]

直到最近，每个人都以为在学校里受人追捧就等于“被很多人喜欢”。可是，当研究者私下里询问学生的时候，他们惊呆了。他们向孩子们提出的问题是：“谁受欢迎？”还有：“你喜欢谁？”许多学生不但不喜欢那些大红人，简直称得上“憎恨”他们。他们想进入那个派系，只是为了提升自己的地位。有 11% 的学生承认，他们彻底鄙视那些被其他学生视作很酷的孩子。[10]

通过更为深入的提问，研究者们发现，这些“酷”孩子有不少实际上野蛮卑鄙。[11] 他们从不跟那些受欢迎程度比自己低的人一起玩，从而制造出一种“排他”的假象。而这往往是为了掩盖他们自己的不安全感。

哪些素质能让别人喜欢我们？

为了精确地找出哪些素质能让别人喜欢我们，美国社会学协会（American Sociological Association）进行了广泛的研究。[12] 结果如何？名列前茅的是“性格积极乐观、自信。”

你肯定看过赛前对选手的电视采访吧。无论是网球赛、足球赛还是摔跤比赛，记者都会问选手：“你觉得今天能获胜吗？”选手会回答：“当然。”镜头切至另一个画面，记者问对手相同的问题，而对手的答案也是“肯定能赢”。

或者是记者问拳击运动员：“你能赢吗？”他回答说：“我要打得他满地找牙。”然后记者问对手同样的问题。对手说：“哈，我要打得他哭爹喊娘，找不着北。”

以前，每当听到这种采访的时候我都会想：“这也太赤裸裸了吧，真够傲慢的。这俩人里肯定有一个在吹牛。不可能双方都那么自信。”

随着年岁渐长，智慧也有了一定的增加。我开始意识到，想要成功，你必须发自内心地相信自己。你不可能只是套上个自信的面具，就走上赛场、参加会议和派对，或是去赴约。你必须要感觉到，自信正在血脉里涌动。你的心要像鼓，敲出自信的鼓点。你说出的每一个字都要饱含着自信。

奥运会的选手们要做的不只是“鼓起斗志”，还要学着进入所谓的“比赛状态”，做好一切准备。在这之前，他们要经历数年的训练，以至于身体可以自发地行动起来，不用浪费宝贵的几秒钟，去停下来想一想下一步该怎么做。

同样，你也应该训练自己，不假思索地自动做出反应。你的比赛不是投标枪，也不是扔铁饼，而是每天充满干劲地醒来，就像那个小火车头似的，说着“我认为我能行”。

你或许还记得那个讲给小孩子听的故事吧——小火车头要爬过一座大山。它呼哧呼哧地喘着气，费劲地往上爬。但每喘上一口气，小火车就咕哝一句：“我认为我能行，我认为我能行，我认为我能行。”最后它真的成功了。

事实上，就是因为一个小火车，我在大学里认识了结交至今的好

朋友戴尔。当时我去参加一个大学联谊会的派对，由于害羞得要命，我恨不得钻到墙根里。既然没有人跟我答话，我就晃到壁炉前，假装研究一个木制的玩具小火车。

没过多久，我头顶上响起了一个得州口音的声音：“这位小姐，打扰了。可你对我的小火车这么感兴趣，我没法不注意你。”我转头一看，发现一个巨大结实的胸膛堵在面前。我慢慢抬眼往上瞧，终于看到一个高大的得克萨斯男生在对我微笑。他觉察到了我的羞涩，于是给我讲了一个故事——他还小的时候，父亲把这个小火车送给了它，当作“我能行”的象征。

他把谈话气氛变得十分轻松，在派对余下的时间里，我俩一直在聊天（按他的说法，这叫“闲磕牙”）。很快，我们聊到了毕业之后想干什么。他告诉我，他父亲过世的时候没有任何保险，因此全家除了房子之外一无所有。这让他立志进入人寿保险行业。

那次聊天里有两件事让我久久不能忘怀。首先，戴尔给我讲了一个真实的故事，告诉我是什么让他立下志向。他想卖人寿保险，并不仅仅是因为这是个赚钱的好工作。他讲了一个真实又激人奋进的故事。其次，是他从头到脚流露出的那种镇定沉着的确信感——从那顶牛仔帽顶起，直到那双能踢死牛的靴子尖儿。他没有说：“我想去卖人寿保险。”他也没说：“我想努力成为得州最好的人寿保险经纪。”戴尔说的是：“我会成为得州最好的人寿保险经纪。”今天的他果然做到了。

这毫不奇怪。人们都喜欢找他买保险，因为他从不会让自己的麻烦事影响别人的情绪。他在达拉斯郊外有个漂亮的办公楼。几年前那里遭受了暴风雨的袭击，楼顶被刮跑，办公室的地板被泡得一塌糊涂，绝大多数的家具和文档遭到损毁。他的办公室电话不通，所以那天晚上我把电话打到他家里，想知道他的办公室是否经受住了风暴考验。

他说，“亲爱的莉尔，我敢打赌，这场面你就是想破脑瓜也想象不到。那风刮的，吐口水都能飙到眼睛上。不过别担心，大家都没事。虽然办公室掏得比感恩节火鸡的肚子还干净，可我们一个礼拜之内就能重新开工，而且比以前更牛。”

这就是戴尔。就算他说的是一场暴风雨，他也有本事让一缕阳光照耀到对方身上。

妙招 2

在所到之处播撒阳光

戴尔就像是随身装了满满一口袋阳光似的，他所到之处，人人都乐呵呵的。这不仅是因为他总能乐观地看待事情，更是因为他总会站在别人的角度看问题，从而赢得他们的心。我觉得，这是他最厉害的招数之一。

几年前一个下着雨的清晨，我在达拉斯做演讲，戴尔和我约在一家咖啡店吃早餐，然后去参观他的新办公室。那家店里当时只有我们两个客人。点餐的时候他是这么对服务生说的，“小姐，我敢打赌，你可不喜欢这么一大早就闻火腿和鸡蛋的味儿，可是……”

“没关系！”女招待的脸上绽开了灿烂的笑容。戴尔站在她的角度在点餐呢。

付账的时候，他对收银员说：“麻烦你了。我是今天第一个客人，害得你费劲找开 50 块钱，但愿我没把你的零钱都换光了。”

“没关系。”收银员一面开心地笑着，一面递过来 35 美元零钱。

去往戴尔新办公室的路上，我们在加油站停了一下。“哥们，真不好意思，大雨天的，让你跑出来帮忙加油。”

“没关系，先生。”一张笑脸。

走到办公楼前厅时，门童给我们开门。戴尔是怎么问候的？“真对不起，雨鞋湿嗒嗒，要把地面弄脏啦。”在门童大大的雨帽下，我看到一张笑脸，仿佛在说“没关系”。

展现更多磁力！

在人气磁石开口说话前，他们会自问：“对方现在在想什么，有什么感受？”随后，如果时机合适，他们就会站在对方的立场说话。人气磁石一出马，愁眉变成笑颜，阴沉变成欢快，“不行”变成了“好的”！

戴尔开办公室门的时候，电话响了起来。秘书还没到，他接起电话。我听到的是：“不好意思，女士，你浪费电话费啦。你再看看好吗，因为我们这儿没有叫贝蒂·安的。”就连一个打错电话的人，都能得到戴尔“站在对方角度看问题”的待遇。他挂上电话的时候，我想象着对方正在微笑——尽管她刚刚拨错了号码，白花了时间也白花了钱。

我一向敬佩戴尔的这个沟通能力。最近，我开始对遇见的每个人运用这一招。结果真不可思议！到处都是微笑。试试看，所有谈话中你都能用到。你会发现，跟陌生人说话的时候这一招格外有效。

比如，假设你在度假，而且绝望地迷了路。你完全不知道酒店在哪个方向。感谢上帝，前面不远处有个警察，你可以问路了。

别说：“嗨，中城酒店在哪儿？”也别说：“不好意思，您能告诉我中城酒店怎么走吗？”试试看，用“对方立场”的方法来问：

“我知道这不是您的分内事，可您能告诉我中城酒店怎么走吗？”

"您肯定都被人问烦了，可您能指给我……"

"您肯定在想，'唉，又一个迷路的游客。'您想得没错。您能……"

你得到的不只是一个微笑，还会得到格外清楚的指引呢。

下面是《吸引力是这样炼成的》中的第一个合同条款，因为它对男女都适用，我就把♂和♀都标上了。如果你想要诚挚地站在对方的角度上说话，那么请你在线上签上名字。这是你对自己的承诺。

合同条款 1：站在对方的角度看问题 ♀♂

从现在起，我会有意地站在对方的角度倾听，合适的时候，我会站在对方的角度说话。

____

妙招 3

让每一个人都感到自己很特别

有一次，我称赞戴尔说，你真是太棒了，不管沟通内容多么简单，你都能跟每一个人诚心诚意地交流。他是怎么回答的呢？“为什么不呢？为什么不重视人生中的每一刻和每个人呢？他们开心，你也开心，这是双赢的好事啊。”

一天之中，我们要和几十个人打交道，却跟他们说不上几个字。比如银行出纳、出租车司机、超市的收银员、门童、服务生、杂货店店员、卖票的、收钱的、空姐。我们总是一心想着自己的事情，好像这些人不是大活人似的。他们仿佛是机器人，为我们开门、检票、扫描货品上的条码、收钱、找钱。同样，在他们眼中我们也不是有血有肉的人。我们只不过又是一个需要开门、检票、扫条码的顾客。

无论你站在柜台的哪一边，这儿有个好方法，能让你给陌生人和自己的一天都带来更多的阳光。我把它叫作“眼神接触法”。处理完事情之后，把眼光转开之前，请多注视对面的陌生人一两秒钟。他或她会觉察到你的眼光，抬头来看你。你们两人会感觉到那种善意的“电流”。这就好比一个霓虹灯，一闪一闪地写着：“我们在真诚地交流呢，我认为你很特别。”

展现更多磁力！

在人气磁石的一天中，他们使用额外的眼神接触，奇迹般地把陌生人变成 VIP。他们会多看一眼油漆匠和裁缝。眨眼间，他们把普普通通的偶遇，变成了特别的瞬间。一天下来，他们注视对方的时间加起来也不到 1 分钟，可人们的反应却大不相同。

当年我当空姐的时候，给成千上万的乘客递过肉卷，却只得到数声含混不清的“谢谢”，虚伪程度堪比肥皂剧里的画外音笑声。乘客们立马掂量起肉卷的大小，或是估算里头有多少颗豌豆，却好像看不见递过餐点的手。偶尔有乘客直视着我的眼睛，微笑着，不紧不慢、清清楚楚地说出一句“谢谢你”，或是“谢谢你，你干得真不错”，对我来说，这是多么奢侈的优待啊！（你敢赌多少钱，看我会不会在余下的航程里给那位顾客最高级别的优待？）

我敢肯定，你也有同样空虚的感觉——当你在杂货店里买东西的时候，售货员把零钱放到你手里，却从不看你一眼。就算你是喜马拉雅山上的雪人，伸过来一双貌似人手的大巴掌，她也不会注意到的。

请给每一个人的生活都注入一点欢乐的能量吧。只是和对方保持一瞬的眼神接触，却已胜似千言万语。你在说：

我觉得你很有趣。

我觉得你很有吸引力。

我喜欢你。

我们的想法是一样的。

我们的气场在交汇。

这只是我们生命中短短一瞬，可现在我们同在。

我尊敬你。

你是有喜怒哀乐的真实的人。

你很特别。

吃完午饭，对收银员道谢的时候，稍稍多注视她一会儿。对大巴司机道谢的时候，多看他一眼。感谢酒店的行李员帮你搬行李的时候，多看他一眼。对递过衣服的干洗店店员道谢的时候，多看他一眼。

合同条款 2：眼神接触多一秒 ♀♂

为了把平淡无奇的时刻变成充满魔力的瞬间，跟每一个人说话时，我会多注视对方一秒钟。

妙招 4

谢谢你，因为……

我做空姐的时候，有一项任务是在乘客下机的时候站在舱门边，跟他们道别。可问题是，杵在那儿说上一百多声“再见”，感觉就像是个装了电池的芭比娃娃似的。

为了避免这种情况，我做了一番计算。在人群中，我用较低音量或普通音量说话的时候，声音大概能传 12 英尺（1 英尺约为 30 厘米）远。而 5 个拉着行李的乘客站成一队的话，大概就是 12 英尺。那么，第 6 个急着下去的乘客就听不见我的话音。掐指一算就知道，我应该准备 5 种不一样的道别词，这样就没有人知道自己听到的是“重播”了。因此，我的道别变成了：“再见”，“回头见”，“再见，希望您乘机愉快”。降落地点不一样的话，我也会来点变化：“Cheerio”“Adios”“Ciao”“Sayonara”“Auf Wiedersehen”(分别是英国口语、西班牙语、意大利语、日语和德语里的“再见”。——译者注)。

让我惊讶的是，这些道别的话中，只有一种能够唤起诚挚的微笑——不是人在狭窄的座位上默默忍受了 8 小时之后挤出来的那种假笑。你猜得出来是哪个吗?

听到“再见，希望您乘机愉快”的客人，会给我一个诚挚的微笑。我把这个句式叫作“扩展版的感谢”。体会到它能带来的温暖回应之后，我开始对登机和下机的客人们都这样说了。

展现更多磁力！

人气磁石说“谢谢你”的时候，他们会说出道谢的原因，从而把字里行间的愉快感觉表达出来。他们给每一句“谢谢”都加上一点小小的铺垫，从而得到一个大大的微笑。

扩展版的感谢也会帮我们化解时常会遇到的小尴尬。上周我去买口红，化妆柜台的美容助理耐心地看着我在各种红色之间纠结：鲜红、绯红、珊瑚红、宝石红、酒红、朱红。我终于选好的时候，她也松了一口气。离开柜台的时候我对她说：“谢谢你，这么耐心地陪着我挑了又挑。”她绽开灿烂的笑颜，说：“哦，没关系。选到合适的颜色最重要。”

合同条款 3：扩展版的感谢 ♀♂

说谢谢之前，我会想一想，能否把感谢的理由加上。然后我会说，“谢谢你，因为……”

妙招 5

轻轻一触，魔力立现

人类身体接触的威力是非常强大的。两人肢体碰触的时候，你真能感觉到一阵能量从一个人的身体流向另一个人。

肢体接触，比如握手、紧紧拥抱，甚至是礼节性的拥抱，都应该遵循既定的规则，尤其是在陌生人之间。别人介绍你和生人认识的时候，你们可以握手。看球赛的时候，如果你支持的球队赢了，你可以和陌生人紧紧拥抱。如果你和某个陌生人都经历着巨大的悲痛，你们甚至可以拥抱一下。空难过后，在机场里安慰家属的顾问在说话的同时，都会拥抱对方。

可是，有一种陌生人之间的碰触是没有规则限制的。事实上，它是如此迅速，转瞬即逝，以至于没有人会误解它的含义——特别是男性做出这种行为的时候。这就是无心的轻触。

比如，找钱的时候人们的手会轻轻接触，坐公交车的时候人们的肩膀会轻轻碰触。几乎无法察觉的电流转瞬即逝，但足以制造出一股暖意。[13] 这好像是在说："我接受你。你不像印度古老制度中最低的种姓，是不能碰触的。"

当你想要引起别人注意的时候，你也可以在对方肩膀上轻触一下，时间可以稍长一些，而不是拍打一下了事。

展现更多磁力！

这种轻触非常短暂，却具有拥抱的力量。它转瞬即逝，却能激发起强烈的潜在情感。人气磁石会得体地使用轻触法，在彼此间创造出一种潜在的暖意。

几个月前，我搭末班火车从波士顿回纽约。在车上我沉沉睡去。火车到了纽约宾州车站后，我缓慢而愉快地从梦乡中醒来。等我完全清醒过来之后，我看见了检票员那温暖和善的黝黑面孔。他的手放在我肩上，非常轻柔地摇着我说：“到站啦，女士。到终点站纽约啦。睡得很香吧？”

我猜，有些人可能会觉得他碰我的时间太长了，不大合适，可我明白那出自纯粹的善意。我敢肯定，他也会用同样轻柔的方式叫醒男乘客的。

这么多年来，我在火车上、飞机上、公车上被叫醒过许多次，有人捅我一指头，有人把我推醒，还有人连碰也不碰，只是扯嗓子喊上一句“女士，到站啦！”相比之下，这种感觉多么好啊。

不过我要提醒一句，使用这个轻触法的时候，女性会比男性更安全些。由于人们对性骚扰的问题越来越敏感，男性必须要更谨慎点。然而，如果动机纯净，方式得体，男性也可以用轻轻的碰触来播撒阳光。

合同条款4：轻柔的碰触 ♀♂

我会在适当的时候用手或肩膀迅速地轻轻碰触一下别人。这就好比是个一眨眼的快速拥抱。我不会拍人家肩膀去引起注意，如果情况允许的话，我会轻柔地、善意地碰触对方，时间可以稍微长一点儿。

妙招 6

展现真诚的微笑

有一次，我耐心地坐在候诊室里等着看病。除我之外，屋里还有四五个病人在等。其中有个年龄不小的坏脾气男人，每次护士出来请下一位进去的时候，他都要冲人家抱怨一通。我敢打赌，他足有一年没笑过了。

他坐在那儿嘟囔的时候，一个女人怀抱着一个半岁大的可爱宝宝进来了，坐在他对面。每个人都对那个女人微笑，只有那个坏脾气男人没有。

几分钟过后，每个人都继续埋头看书报杂志去了，我看见那个宝宝对气呼呼的男人咧开嘴笑了，那小嘴巴里还没长牙呢，可那笑容是只给他一个人的。你觉得那个牢骚男能绷住多长时间不对宝宝笑？连两秒钟都没有。他眉开眼笑地看着婴儿。护士出来叫我进去的时候，他没再对她抱怨。他脸上的笑容就像漫长严冬后绽放的第一朵春花般灿烂，嘴巴里还在轻轻嘟哝着：“嘿，你好哇，小家伙。”

是什么引起了这奇异的反应？是因为宝宝特别可爱吗？或许有这个原因。但主要的原因是，那宝宝的笑容不是那种机械的、飞快消失的笑容，而是个发自内心的、缓慢绽放的笑容。那不是旅行社职员或检票员牵强的职业微笑，不是乞丐或酒店服务生脸上迅疾的、讨好的浅笑，不是谈判对手虚张声势的皮笑肉不笑，也不是二手车销售员狡黠的笑。那是一个真挚的、慢慢荡漾开来的笑容，仿佛在说，嘿，这个微笑是专门送给你的，因为我喜欢看你的脸。

没有人告诉那个小家伙，“现在开始，要对陌生人微笑，尤其是那种坏脾气的牢骚男，就像坐在候诊室里的那个。”宝宝显然没看见什么爱抱怨的恶老头。他在老人脸上看见了他喜欢的东西。我们也能这么做。发现每个人面孔中的美好（如果你仔细看的话，肯定会发现的！）。对着那美好，微笑吧。

合同条款 5：让微笑慢慢绽放 ♀♂

从现在起，我不再对人千篇一律机械地微笑了。我会看着对方，寻找他或她面孔里的美好，然后让微笑慢慢地从心底绽放开来。

____

妙招 7

不可思议的读心术

几年前，我去帮朋友黛博拉收拾行李。她们全家——她和丈夫托尼，还有四岁和五岁的两个小女儿——要从纽约搬去旧金山。黛博拉告诉我，她担心朱莉和露西过去之后跟小朋友们不好相处。

“黛博拉，”我说，“别开玩笑了。你以为孩子们会走到另一个小孩跟前，操着一口纽约腔说，‘你给我闭嘴，笨蛋’？”

“当然不会这样，”她说。“我的意思是，这儿大家都喜欢她俩，她们已经习惯了。幼儿园的每个孩子都喜欢跟她俩玩，可现在她们又要重新开始了。”

“重新开始？”我揶揄她，“我明白啦，就像政客要赢得下一个选区的选民？”

“嗯，有点那意思，”她回答道，“我很用心地教了她们几招，让别的孩子喜欢跟她们一起玩。到了旧金山之后，她们又要从零开始了。”

“你是说，你给她俩上了一堂‘人际关系导论’？”

“差不多。”黛博拉说道。

我哈哈笑起来，摇了摇头，从碗橱里拿出几个盘子，包裹起来。像朱莉和露西这么大的孩子，会在意这些事儿吗？比起人缘差的孩子，人缘好的小娃娃身上有什么特别的素质吗？我觉得，在这么稚嫩的年龄，他们可能还不懂“个性”是什么意思吧，或者他们也懂？

我看，这不过是黛博拉的又一阵心血来潮而已。她迷过罗尔夫按摩治疗法、密宗、亚历山大疗法、费登魁斯法，怀孕之后，她怂恿老公托尼去上了个“新纪元”准爸爸学习班。

“不可能。”我自言自语。黛博拉显然听见了，因为她说：“莉尔，我没开玩笑。我教给小丫头的是交朋友的必杀技。”

“你是说，她俩能比别的孩子讲出更搞笑的笑话？”我问，“我能想象出来她俩爱讲什么。露西会跑到另一个孩子面前说，‘嘿，你知道不，我姐姐朱莉真是笨呀，她得脱掉鞋子才能数到20。’然后朱莉就还嘴说，‘哼，我妹妹长大以后，别人会拿她当模子，去做蠢娃娃。’”我被自己的“幽默”逗得乐不可支，真无聊。

“行了，莉尔！”黛博拉说。“跟你说正经的呢。你能猜出来，哪个方法会让她们更受别的孩子欢迎呢？”

“倾听能力。”

“差不多，”黛博拉说，“但跟‘听人说话’没一点关系。”

“啊，我投降。”

她等的就是这句话。黛博拉从一个已经打好包的书箱里拽出一本《遗传心理学杂志》(*Journal of Genetic Psychology*)。她翻到其中的一页——那一页都被翻得卷起了角，然后把杂志递给我，命令说：“你看看！”

我看着冗长的标题，“儿童的非语言解码能力与受欢迎程度、控制点（即 locus of control，也称内外控倾向，这是一个心理学概念，最早由美国社会学习理论家朱利安·罗特于1954年提出。——译者注）和学习成绩间的关系”。[14]

“这是什么意思？”我问。

“用大白话来说就是孩子能从别人的非语言信号和声调里读懂情

绪和感受。我女儿在这方面做得越好，人缘就会越好。我已经教会女儿仔细观察说话的人——先看人家的身体语言，这一点最重要，其次听语音语调，最后才听话的内容。而绝大多数人是反着做的。”她说。

这个研究勾起了我的兴趣，因为我知道，人们接受信息的顺序正是这样：50% 通过视觉，30% 通过声音，实际说出来的内容只占 20%。

随后黛博拉告诉我，她是如何把两个小丫头变成小专家的。每天晚上，她都会带孩子们玩一个“猜猜我的感受”的游戏。黛博拉会做个动作，比如挠挠脖子，或是绞扭双手，让孩子们猜。每玩一次，讯号就变得更微妙一些。

她们还会玩一个叫作“是真还是假”的游戏。比如，黛博拉讲故事的时候会把手捂在嘴巴上，或是表现出心神不宁的样子。然后她问孩子们，觉得她说的是真话还是假话。（用手捂着嘴，正是典型的撒谎表现。）

我依然半信半疑。我说：“得了吧，黛博拉，我还以为你能说出更有科学根据的话呢。比如心理学理论什么的，荣格、阿德勒，起码也得是弗洛伊德啊。”

“你不信？”她问。

“这要是真的，我就把帽子吃了。”我回答她。

黛博拉笑到了最后（莉尔吃掉了帽子）

第二年，我去旧金山看望黛博拉一家（如今，这成了我每年必有的行程）。那年是黛博拉的“普拉提年”（普拉提，目前最流行、最时尚的健身项目之一），这种锻炼方法用到的器械，就像是某种古老的刑具。

有天下午，她的课拖堂了，所以她请我去幼儿园接孩子们。到了那儿的时候，园长请我去游戏室接她们。在走廊里，她热烈地夸着这两个孩子：“每个人都喜欢朱莉和露西，她俩非常可爱，非常聪明！”

我们走进一间大教室，大约有35个孩子正围成一圈跑着、跳着、大笑着，把玩具弄得满地都是。露西和另外十几个孩子坐在圆圈里，正在玩一个像是过去的竞赛节目“看谁说真话”的游戏。只是孩子们分成了两组，一组说，一组猜。

展现更多磁力！

人气磁石用心倾听。他们仔细观察说话的人，看此人对自己说出来的话有什么感觉。人气磁石会倾听人们的姿态，倾听心神不宁，倾听脸红，倾听眼神的接触，倾听他们说话人的一切表现。

说话的那组中，有个叫萨莉的孩子先开始：“爸爸妈妈答应，今年我过生日的时候带我去迪士尼乐园。”下一个孩子威利说：“爸爸妈妈答应，今年我过生日的时候带我去迪士尼乐园。”这样一个个下去，每个孩子都说的是“爸爸妈妈答应，今年我过生日的时候带我去迪士尼乐园。”我没法不去注意露西。别的孩子只是在听，而露西的眼光像粘在说话的孩子身上似的。

最后一个孩子杰森的话音刚落，露西就开口了：“说真话的是威利。”

威利点点头，表示说对了。“耶！好棒！”每个人都在鼓掌。园长眼睛瞪得老大，靠过来对我说，“我真不知道她是怎么做到的。真是不可思议。她几乎每次都能猜对。只要听一句话，她就知道谁说的是真话。简直吓人哪。”

我也觉得不可思议。可是，我知道小露西没什么超能力。黛博拉早已把秘密告诉了我。

我帮朱莉穿外套的时候，听到露西在跟威利说话。

“你什么时候去迪士尼呀？”

小威利耷拉着脑袋，说：“下个月。”

露西显然觉察到了不对劲。“你不想去？”她问。

“我想去，可是……”威利仍然垂着头，用脚丫蹭着地板。

就像敏锐的专业心理学家一样，露西什么都没说。她只是继续平静、充满同理心地看着威利。“嗯……”威利继续吞吞吐吐的，“只有我爸爸一个人带我去，因为他和我妈妈……嗯，我爸爸上个月从家里搬出去了……”

露西把手放在小威利的胳膊上，直视着他的双眼。谁也不用多说一个字了。难怪每个孩子都喜欢露西。她知道该怎么用心去听，而不是用耳朵。

合同条款6：倾听对方的心声 ♀♂

每当人们说话的时候，我会敏锐地观察他们的身体语言，看出他们对说出来的话有什么感觉。这些东西跟话的内容同样重要。

妙招 8

注意自己的措辞

我从戴尔那里学到的第二堂语言课令我震惊无比，特别是因为这家伙是那么口无遮拦。上次他出差来纽约，我们一起吃午饭。结果我早到了一会儿，5 分钟过去了，10 分钟过去了，依然不见他的踪影。就快满 15 分钟的时候，我看见他那顶巨大的牛仔帽像飞碟似的从人群头顶上移过来。他把帽子递给乐呵呵的服务生，那存衣帽的服务生做了个鬼脸，装出一副抬不动的样子。

走到桌边的时候，他说 ：“哦，你肯定要放狗去找我了。不过别担心，小丫头。老戴尔知道怎么照顾自己，就算是在纽约也没问题。”

戴尔说：“我都饿得像个水泥圈里的山羊了，你呢？”一分钟后，看菜单的时候，他从菜单后头怯怯地露头说道：“希望刚才我说的话没冒犯你。”

“山羊吗？”我诚恳地问。

“不，是那句‘小丫头’。上星期，在办公室的时候，我差不多被人拿着肥皂把嘴巴里里外外洗了个遍。不就是说了一句‘接电话的小妹’病了没来上班嘛。结果我那助理小妹，哦，不，助理史蒂芬妮，把我给纠正了一通。”

这勾起了我的好奇心，我请他多说说。他说：“唉，我知道我这嘴巴，野得像匹撒欢的野马，得有人管管才行。所以我请她去吃午饭，结果她跟我说了一车话。”

“比如？”

“比如我不会说‘律师小弟’或是‘会计小弟’，可我干嘛就要说‘接电话的小妹’呢？我应该说‘接线员’。她还说，提到女性的时候，我应该说‘女士’，而不是‘小妹’‘小姑娘’‘丫头’。”他想了一秒钟，然后说：“所以，‘小丫头’大概也不行喽？”

“没错，戴尔，”我说，“可是，要是你能掏出个得克萨斯的出生证和户口本，证明你是生在那儿、长在那儿的，人们肯定会原谅你。”

“哇，莉尔女士，为了这话我可得好好谢谢你。可我没资格找借口。我的身子在现代，可这张嘴还留在旧社会呢。提到那‘地位平等的异性’的时候，我这老家伙得改改习惯了。”

“史蒂芬妮给我推荐了好几本好书，叫我看看。我跟她说，‘我愿意看，可我肯定抽不出时间来。’我请她帮我做个小抄，好让我说出政治正确的话来。”戴尔伸手到兜里，摸出一张纸头。他显然是认真研读过了——那张纸都看皱了。“这就是我的说话技巧大全。”他说。

说来也巧，那天我包里也正好装着一张表格，上头写着什么话该说，什么话不该说。因为我的嘴巴也落后于思想。

戴尔和我交换了纸条，几乎同时爆发出一阵大笑。他那张纸上的“男性不该这样说”刚好就是我那张表上“女性应该这样说”。反之亦然。

我问戴尔，能不能把他那张纸上的内容写进书里。

“当然可以，小丫头。呃，我是说，莉尔，我不胜荣幸。”

先生们，请你们遵照这些规则说话，那么办公室里 90% 的性别纷争就会消融于无形。无辜的女性员工不会再觉得遭到冒犯和歧视。她们不会再控诉你态度傲慢。办公室内的两性战争很快就会被归入古代史，跟黑斯廷斯战役（Battle of Hastings，1066 年哈罗德国王的盎格鲁—

撒克逊军队和诺曼底公爵威廉一世的军队在英国黑斯廷斯进行的一场交战。——译者注）和七年战争（Seven Years War，1756~1763 年间，由欧洲主要国家组成的两大交战集团在欧洲、北美洲、印度等广大地域和海域进行的争夺殖民地和领土的战争。——译者注）并列在一起。

合同条款 7：绅士说话守则 ♂

对女性说话的时候，我会避免使用含有具体性别指向的词语，在工作中避免一切有可能涉及性的措辞，而且要减少教训人的味道。我要——

（1）在表达看法之前，先用观察到的事实（或是问个问题）当开场白。

（2）注意措辞，把请求和命令的语气变得和缓一些，比如“请你……好吗？”“你能……吗”，或者是“麻烦你……好吗？”

（3）用问题打断她之前，先试探一下，比如“不好意思，但是……”

（4）少强调事实，多用描述感受的词语，比如我很高兴、感动、生气、激动等等。

（5）适当多插入一些小问题来征求她的意见，比如“那你呢？”或者“你怎么想？”

（6）在沟通过程中显示出你的关心和尊重。

（7）偶尔说声“对不起”（吓人吧！）。

男士专用________________________________

女士们，以下是你们的和平条约。如果你们遵循以下 7 条简单的规则，你的男同事、男性朋友和男友会真正明白你的意思，你也会赢得他们的尊重。

合同条款 8：淑女说话守则 ♀

对男人说话的时候，我会——

（1）调低音量和音调，有话直说，不要犹豫，想要什么就直接告诉对方。

（2）把话说全了，别拐弯抹角的。

（3）大大方方说话，不要自谦。不要再说这种话：“不好意思，打扰你一下，但是……”或者“我知道这问题挺傻的，可是……”（以后我说话的时候，绝对不会再说“我的算术很糟糕……”）

（4）少说描述感受的词语，多说事实。

（5）诸如“那你呢”“你怎么想”的小问题，一句也不说。

（6）流露出欣赏和信任。

（7）除非是真心实意，否则永不说抱歉。

女士专用______________________

我知道戴尔意识到自己说话的方式不好，而且真心实意地打算改。但我告诉他，可别改掉那得州式的迷人魅力。

“那是，”他说道，“有人说，我魅力大得能让皇太后脱裤子哩。”

唉，积习难改啊。

妙招 9

学会倾听术

你对着木头上的钉子说过话吗？钉子不会点头。它不会说“是啊，对喔”。它不会微笑。它只会杵在那儿，直到你说完为止。先生们，恕我直言，你们听人说话的时候就像个钉子。听男人说话的时候，这没问题。在男人眼里，这种反应就是认真听的标志。可是，如果你这样子听女人说话，她肯定想抓起一把榔头，照着钉子（也就是你）敲下去，尖叫一声：“你为什么不听我说话？”

去年我去了墨西哥，在一个非常棒的女性领导力研讨会上发言。前来参加的有几百名妇女，还有六七个勇敢的丈夫或男友跟过来享受阳光和沙滩。[15] 任何时候，都有大约十个女性论坛和一个男性论坛同时进行，话题从创业到心灵成长，无所不包。我参加了多场研讨会，但最后一天，吸引我的是个给男性准备的研讨会，名字叫作“和成功女性共同生活”。

显然，我去听这个不合适。于是我问主持人，能不能买讨论会的录音带，可惜会务组没做这种准备。大概是男人们不想让老婆或另一半听到弟兄们同声同气，大诉苦水吧。后来我发现，诉苦会的情景完全没出现——情况刚好相反。这群了不起的男人对有个事业有成的夫人极为自豪。有个人说，“特别是看到共同账户每月的银行结算单的时候。”

展现更多磁力！

男人听人说话的时候，绝对是一动不动的。而女人听人说话的时候，是高度互动的。如果人气磁石想要异性不再说“你从来不好好听我说话”，他们就会换上对方习惯的倾听方式。

主持人慷慨地邀请我参加，我接受了，但条件是与会者不反对，而我也能做到不惹人注意。为了避免干扰到这些男人，我坐到一块大帘子后面，我能听见他们说话，他们却看不见我。

研讨一开始，主持人请每个人轮流做自我介绍，谈谈自己那位成功的另一半，以及两人间的关系。第一个男人话匣一开，就犹如黄河之水，一发不可收拾。时间肯定有10分钟之久，我开始怀疑其他人是不是全走了，因为我没听见任何的反应。没有“哦，是吗”，没有评论，没有提问，什么都没有。他们都走了吗？

显然没有，男人们开始轮流发言，在他们的对话中，女人聊天时常发出的那种显示我们支持对方的声音——丝毫没有出现。或者我应该换个词儿，不是在他们的“对话”中，而是在每个男人的“独白”中。

老天啊！这太不寻常了。这个现象让我如此惊诧，以至于我在会议结束回到办公室之后，去浏览了一大堆关于男性/女性倾听习惯的研究资料。其中有些真是令人眼界大开。

我们认为女性是更好的聆听者，是吧？其实不然，只是我们倾听的习惯不一样而已。我们常常会点头，这是要让说话人知道，我们在听。我们发出支持对方的声音，是为了让对方确信，我们理解对方说的话。那一刻我才明白，我从未意识到那些出于好意的、表达支持的插话是在打扰对方。可很多男人会这样想！姐妹们，请注意。听男人说话的时候，咱们的倾听方式得改一改。（男人听我们说话的时候，也应该改变他们的倾听习惯。）

男人们的倾听方式刚好相反：他们同意对方说的话时，才会点头。他们或许会说，男性的倾听习惯更好，因为它表达的不是瞬间的反应。

我们认为女人说话比男人多，是吧？答案是“NO”。工作中男人比女人说话多多了。对于他们来说，说话是一种竞争，是把观点表达清楚的一种方式。到家以后，他们的沉默不过意味着，他们要从不得不竞争的状态中离开一会儿，休息一下。

女人交谈的时候，会用没有竞争意味的方式打断对方。她们只是在鼓励对方，参与对话。[16]就像那种会翘起头又扎下水去的塑料小鸭子似的，我们不停地点头。这只有一个意思：“我明白你的意思。”

顺便提一句，东西方的说话方式很不一样。如果你去远东旅行，要注意听听日本电视节目里讲的语言建议，起码也要留心一下。比如，你是个美国妈妈，看见孩子在厨房里乐不可支地从冰箱里拿出生鸡蛋，一个个往地上丢。“耶！”碎了一个。“耶！”又碎了一个。你肯定会气得发疯，起码你也会说一句：“不行，住手！”

可日本妈妈会认为说“不行”是有失身份的表现。而与人就事论事则意味着身份与和谐。[17]因此日本妈妈会对小淘气说：“哦，很好玩是吧。谁会把鸡蛋往地上扔呀，宝宝？你认识哪个人会把鸡蛋往地上扔？你看过有谁把蛋往地上扔的没有？鸡蛋先生在喊疼呢。”

事实上，一位名叫上田的日本绅士写过一篇论文，名叫《日本的十六种避免说“不”的方式》。这家伙可没开玩笑！[18]

合同条款 9：像钉子似地听男人说话 ♀

和男人说话的时候，我会避免经常点头，少说表示支持的话，比如“啊，是吗”“没错”“哦，这样啊”。他会觉得我是在打断他！（想想那种情景。）我会记住，如果他说话的时候，我老老实实地站在那儿看着他，他会认为我是个很好的倾听者。

女士专用________________________________

合同条款 10：像点头小鸭子似地听女人说话 ♂

为了让女性知道我在认真听，我会时不时地表示支持和同意，比如“哦，对”和“对，我明白”。我也会点头，让她知道我明白她的意思。我会记住，点头并不代表我同意她说的内容。

男士专用________________________________

妙招 10

消灭致命的 FUD 因子

东西方的某些想法可能会不一样，但有一点是相通的。如果我们想赢得胜利——无论是体育比赛，还是事业、社交，或爱情关系，我们必须要自信。

越来越多想留在巅峰状态的奥运会选手、表演艺术家，甚至还有商界人士，都去寻求体育界心理学家的帮助。我有幸认识心理学家斯坦，他教给我的一个简单方法改变了我的人生。

有天中午，我们在一家咖啡店里吃快餐，他告诉我，他正在辅导一位日本的奥运会滑冰选手。他请我不要在书里透露这位选手的名字，所以咱们就暂且叫她敦子吧。他说敦子有足够实力夺得金牌，但她缺乏自信——对于运动员而言，这是致命的缺陷。（记者采访她的时候问，“你能赢吗？”她的回答是“我会尽力争取”。这回答可不够好啊，敦子！）斯坦对我说，除非你从内心深处相信自己是冠军，否则你永远也赢不了。你必须始终相信这一点——不光是在比赛的时候，在睡觉、吃饭、洗澡、说话、参加派对的时候，你都要这么想。斯坦把这种“始终确信自己会赢”的感觉叫作进入“状态”。

看清身边的人

我请教他，对我们这些用不着拿金牌的普通人来说，是否就没有必要进入那种“状态”呢？

“此言差矣！”他说，“我们都在争取金牌。我们或许用不着去竞争滑冰、滑雪、田径的金牌，可我们要在工作和生活中拿金牌，要在寻找友谊和爱情方面拿金牌。每个人对金牌的定义不一样，但拿到它的方法是一样的。你要进入那种状态，否则你就会像块趴在冰面上的煎饼一样，站不起来。”

我问他：“那‘状态’这东西在哪儿呢？”

他说：“对有些人来说，它近在眼前；对有些人来说，它远在天边，要长途跋涉才能找到。”

我的下个问题当然是：“哦，那对我来说它有多远呢？”

“我不知道，”他答道，“可是如果你愿意的话，我们可以看看它离你有多远。你也做做我给敦子做的测试吧。”斯坦拿了一张餐巾纸，画了一个表。

________________________	CN CS CB CL CA
________________________	CN CS CB CL CA
________________________	CN CS CB CL CA
________________________	CN CS CB CL CA
________________________	CN CS CB CL CA

“现在请你写出这辈子里 5 个跟你沟通最多的人的名字。如果不止 5 个，你可以多画几条线，把右边字母照抄上去就行了。”他说。

往下读之前，请你先照着做。列出 5 个相当了解你的熟人。同性朋友、异性朋友、爱人、兄弟姐妹、配偶或另一半都可以，只要你觉得这个人对你很有影响力就行。现在先别管右边的字母是什么意思，写下名字就行了。咱们很快就会讲到。

缺乏自信已经让敦子在去年惨遭淘汰，如今斯坦只剩下 3 个月时间来辅导她，让她打心眼儿里相信“我是最棒的”。斯坦面临的最大难题是，敦子是在日本长大的，而美国运动员间流行的那种乐呵呵的傲慢和可爱的自吹自擂在那边根本不存在。有句日本格言，大意是这么说的：“枪打出头鸟。”

更糟的是，敦子的男朋友出于自卑心理，常常打击敦子。斯坦的第二大难题是让敦子明白，她的男友利明在严重影响她的自信。斯坦唯有把这些难题解决了，才能达成目标——帮助敦子夺金。

敦子写下的 5 个人是：住在京都的父母亲，她每天都要跟他们通电话；住在美国的姐姐；然后是她的闺蜜，一个名叫詹妮的美国女孩；当然了，还有她的男友利明。

斯坦请敦子想想这几个人跟自己的对话场景，把他们批评她的频率在右边的缩写词中勾选出来。

在你往下读之前，也请照着做。CN 的意思是“从不批评你”。CS 是“很少批评你”。CB 很有趣，意思是“建设性的批评”。也就是说，这个人的确会批评你，但对你产生了积极的效果。你认为此人的批评没有敌意，而且能帮助你成长。

CL 的意思是“批评得挺多”，CA 是“总是批评你”。

敦子的回答是这样的：妈妈和姐姐是“从不批评”、爸爸是“很少批评”、闺蜜詹妮是“建设性的批评”，而男友利明呢，是“总是批评”。（我的勾选结果跟敦子一模一样，两个 CN，一个 CS，一个 CB，一个 CA。）

斯坦帮助敦子进入状态的第一步，是请敦子谈谈自己、在日本的生活情况、作为奥运选手的新生活、训练情况、人际关系。她叙述的时候，斯坦会插嘴问她的感受：“你滑冰的时候，如果你姐姐正在旁边看，而你发挥得很出色，你有什么感受？如果是詹妮在看呢？”

斯坦注意到，敦子一提到家人（她的家人为她自豪极了），她的腰板就会挺得直直的，深棕色的眼睛亮闪闪的，嘴角浮出一丝自信的浅笑。这正是斯坦想要的状态，敦子应当一直处在这种情绪当中。相反的是，敦子一提起她男朋友，肩膀就会绷紧，眼睛也会低垂下去。

然后，斯坦问出了最关键的一问，惹得敦子哭了出来。这问题是：“如果你男朋友正在旁边看，而你发挥得很出色，你有什么感受？”

那一刻敦子意识到，利明在场的时候，她从未很好发挥过。

远离对你没好处的人

现在咱们来看你的测试结果。如果你圈出来的都是“很少批评”或“从不批评”，那你真的非常幸运。周围的人都很支持你。如果你选了“建设性的批评”，请你认真想一想，这些人的批评是不是真的对你只有好处，他们的指导是否真的让你成长了。要是你的结果中有“总是批评”或“批评得挺多”，那你要注意。如果你能把这些人从自己的生活圈子里排除掉，或者起码可以少接触他们，请你务必这样做。

咱们给那些批评你挺多的人起个名字：破坏分子。如果你希望跟这种人维持关系，你必须让他或她停止指责。如果你想成功地消灭FUD因子（恐惧、不确定感、怀疑），你就必须这么做。如果某个对你很重要的人没完没了地打击你的自信，你不可能拥有良好的自我感觉。

你应该和“破坏分子”私下谈一谈，告诉对方，他或她的批评让你有什么感觉。要说得具体，描述你的“症状”，把结果告诉他。比

如，你可以这么说：“乔治，我明白，你觉得这么说是为了我好，可你的每一次批评，都让我呼吸困难，心跳加快。我觉得自己很没用，然后变得很生气。我不想让这种情况再出现了。你对我来说非常重要。”

如果此人继续批评你，你要下最后通牒。怎么做，要视你们之间的关系而定。你可以采取温和的方式，比如离开房间、离开家，或者强硬起来，离开这个人。

当然了，你没法离开父母，或是关系还不错的配偶——尤其是有孩子的话。仔细选择最后通牒的方式，当毫无益处的批评开始的时候，你必须要坚持使用。

展现更多磁力！

庭审期间，陪审团要“闭关讨论”，以免受到媒体或亲朋好友的干扰。此处也一样。人气磁石知道，你没法一边跟没完没了批评自己的人相处，一边拥有良好的自我感觉。如果这些总是批评你的人（我们称他们为“贱人”）对你而言并不是特别重要的话，就让他们走远点！就像我老妈常说的，“让他们一边凉快去！”

敦子的故事有个美满的结尾。接下来的几周内，她和斯坦讨论了很多关于利明的事情。敦子自己决定应当中止这段感情关系。从那以后，她的成绩开始突飞猛进。

合同条款 11：离开“贱人”；跟“破坏分子”谈谈 ♀♂

对于我生活中的破坏分子，我会告诉他们，当他们批评我的时候我有什么感受，我也会给他们下个最后通牒。至于那些贱人，要么是“不许再批评我”，要么就是“拜拜！”

妙招 11

美，源于自信

“她瘦得像个排骨精。”这句本来很损人的话如今却变成了恭维。听见这种评价，不少女人会洋洋得意。“钱越多越好，人越瘦越美”，她们这么说。瘦，就是美。

无论一个人长得多么漂亮，她（他）好像对自己的外貌总会不满意。你将会发现，这样子绝对成不了人气磁石。一般来说，人们对外貌最大的抱怨就是体重。

有次我在商场试衣服，无意间听见隔壁试衣间里有两个女人在抱怨。其中一个显然不满意自己在镜中的形象，发着牢骚：“瞧我这水桶腰！这圈肥肉我怎么就减不下去呢？天呐，你看我像不像怀孕好几个月了？”

另一个对自己也不满意。“你就别抱怨啦。你看我这大象腿，连牛仔裤都提不上去了！”

我得坦白交代，她们的对话勾起了我“变态”的好奇心。我在卖牛仔裤的地方逛了一会儿，就是想看看“水桶腰”和“大象腿”到底什么样。五分钟后，除了两个极其苗条的时髦年轻女郎从试衣间走出来之外，再无一个人出来。她们闷闷不乐地把几条中码牛仔裤丢在柜台上。我听见她俩在哀叹自己太肥，穿不上这些瘦裤子。要不是凭声音认出了她们，我绝对想不到这两个纤纤女郎就是刚才那两个抱怨的女人。

从好的方面看，以瘦为美说明美国很富裕。因为在贫困国家，水桶腰和大象腿是求之不得的。[19] 对于女孩子的这种审美观，女权运动人士应该很开心，因为历史研究表明，对骨感美的狂热追求和女人对经济资源的控制力度成正比。[20]

可是，这些东西都没法安慰“水桶腰”和“大象腿”。当她们晚上坐在电视机前看着重播的《飞跃贝佛利》或《飞跃情海》的时候，又会哀叹剧中的唐娜和阿曼达是多么瘦啊。

为什么有那么多漂亮骨感的女演员不提，单说这两个呢？这是因为有人在当年此剧大热的时候做过一项研究，结果证明，女性饮食失调和收看《飞跃贝佛利》有直接关系，比如神经性厌食症和暴食症（先胡吃海喝，然后用泻药或其他民间减肥法把食物再弄出去。那些老式方法很不健康——更别提多恶心了——把手指伸进喉咙里头催吐）。[21]

收看同期其他热门剧集的女性出现饮食失调的概率就比较低，比如《宋飞正传》和《北国风云》这种喜剧，里头的女性体态都比较正常（比如伊莱恩和梅格）。还有些剧集里有几个丰满型的女演员，比如《风流记者》和《罗丝安娜》里的苏珊娜和罗丝安娜，收看这些电视剧的女性观众的饮食失调率也较低。

这意味着电视剧是饮食失调的罪魁祸首吗？我看未必。在一个相似的研究中，研究者请女性指出最喜欢以下三个名模中的哪一个：消瘦型的凯特·摩斯（Kate Moss）、适中的辛迪·克劳馥（Cindy Crawford）、丰满型的安娜·妮可·史密斯（Anna Nicole Smith）。这回的结果显示，在喜爱消瘦型模特的群体中，患有严重饮食失调的女性人数更多。

对这些结果我并不是完全信服，但研究者们认为，这些发现证明了消瘦的银幕形象导致了女性的饮食失调。

首先，医学专家已经证明（无须任何怀疑），如今这种夸张的纤瘦标准是不健康的。而且，在凯特·摩斯、辛迪·克劳馥和安娜·妮可·史密斯三人中，你觉得男人最喜欢哪一个？当然是辛迪·克劳馥。许多观察结果显示，男性喜欢女性拥有匀称的身材，而不是瘦得像皮包骨。

想想近代的性感偶像吧，贝蒂·格拉布尔（Betty Grable），玛丽莲·梦露（Marilyn Monroe），拉娜·特纳（Lana Turner），海蒂·拉马尔（Hedy Lamarr），多萝西·拉摩（Dorothy Lamour），罗莎琳德·拉塞尔（Rosalind Russell），卡门·米兰达（Carmen Miranda）。水桶腰？要是让多萝西·拉摩做个夹头动作，用大腿夹住现今摔跤选手的脑袋，恐怕他这辈子都挣脱不开。

没错，男人们喜欢瘦。事实上，对一则征婚广告的分析发现，在男人开出的28个条件中，瘦名列第一。[22]（“有金钱保障”是女人们的首要条件。）可是，在我撰写此书的时候，男人们依然希望女伴能比那种极度追求时尚的女人丰满一点。（你在贴画上见过锁骨突出、肋骨一根根都看得见的女郎吗？）可是，如果我们不注意的话，男性对“纤瘦”的定义会渐渐贴近女性崇尚的那种几乎不可能实现的夸张骨感，这可是十分危险的。

此外，如果男人们开始喜欢更瘦的女人，这都要怪我们自己（女人）。在时尚界，品位似乎看重的是整体的曲线，而不是具体的“瘦度”。为了验证时尚风潮对品位的影响，一位名叫奈杰尔·巴伯（Nigel Barber）的男性研究者成功游说了一个基金会，支持他做个关于女性曲线美的研究。

巴伯先生的研究叫作“美国女性体态魅力标准的长期变化趋势：

男性与女性的不同视角”。他对比了美国小姐参赛者和花花公子女郎（男人心目中的理想女性形象）[23] 与 Vogue 杂志模特（女人心目中的理想女性形象）的三围尺寸。他从 1921 年的身材数据追踪起，一直统计到 1986 年。从那一年起，出于政治压力，美国小姐参赛选手的三围就像可口可乐的配方一样成了严防死守的秘密。

他发现了什么？总体来说，女人心目中的理想女性形象是越瘦越好，其曲线玲珑的程度远远低于男人心目中性感美女的形象。这都要归功于那些时尚杂志的女编辑们（或许还有一些服装设计师，她们很得意自己的体型已经堪比身材像男生那样平板的名模了）。所幸男人心中的标准美女要落后一些。但是，年历画片上的模特也越来越瘦了。研究者指出，这是为了响应女性推崇的美女形象。

顺便提一句，姑娘们，千万别相信时尚杂志上印出来的美女身材。有一次，我去修片师那里取照片，看见修片师约翰正在摆弄一张图。他对助理说，“要是我再修下去一点儿，她就没肉了。”我从他肩头上看过去，图片上是个身穿比基尼的金发美女，那腰细得都快看不见了。从她腹部附近的颜色痕迹就能看出来，起码有百分之十已经被修掉，而修片师的喷枪还在使劲喷着。

大象腿赢得了爱情金牌

产品能否赢得人心，往往并不在于它本身如何，而是要看营销的方式。对人来说也是一样。在“营销”自己的时候，如果你认为你很美，那你的确会显得很美。

几个月前，我去看望好友邦妮。无论是思想上还是体重上，邦妮都不是那种“轻飘飘”的女子。事实上，在这两方面她都是重量级的。

吃完晚饭，我俩坐在沙发上聊天。话题扯到了她的幸福婚姻上，我开玩笑说，要是有人颁发“老公有多爱你”的金牌，那绝对是非邦妮莫属。

我俩的谈话被她出差归来的丈夫打断了。就像为了证明我刚才的话似的，他进门后的第一件事就是冲到沙发前，把邦妮一把抱起来，说道：“嗨，大美女。”要是你知道邦妮的三围，“一把抱起来”可绝非易事。一些刻薄的家伙没准会说，该得金牌的是他才对——举重项目的。他热烈地吻了邦妮，然后跟我打了招呼，接着就去收拾行李了。

我说：“邦妮，你是怎么做到的？你是怎么让汤姆对你这么迷恋的？”但愿我的语调没有流露出“尽管你这么胖”的意思。可是，邦妮显然明白绝大多数人会这么想，因为她大笑起来，做搔首弄姿状，表现出一副“难道我不美吗”的样子。她说道：“汤姆只是接受了我对自己的看法，我想我自己也颇有点自恋吧。”为了强调这个，她转了几个圈，就像T型台上的模特般优雅。

我们坐下后，开始了一场极其有趣的讨论。她说，她从来不说一句看不起自己身体的话。她从来也没问过汤姆：“亲爱的，你觉得我是不是太胖了点？”她总是穿着性感的内衣，睡觉时穿着透明的睡裙，她告诉我，她甚至还会在卧室里为汤姆跳艳舞哩。

“你不给他看身上的脂肪团吗？”我故作惊悚地问她，同时捏了一下自己的大腿，给邦妮看那每个女人腿上都有的橘皮组织。

邦妮说：“脂肪团？你开玩笑吧。我有一次管它叫‘小酒窝’，现在汤姆很喜欢轻咬我这些可爱的小酒窝哩！”

邦妮当然也在节食、锻炼。她和其他超重的女人一样，也在努力减肥。可重要之处在于，即使在她变瘦之前，她也对自己的外貌很自豪。她热爱自己的身体，因此汤姆也爱。

你或许会问：“这是不是意味着我应该自恋啊？”对，要有那么一点儿。如果你不信，请看看《性研究杂志》（*Journal of Sex Research*）

在这方面的一篇文章。这篇文章指出："女人的情爱关系与她们对自身的主观看法以及在性魅力方面的自信程度相关，与实际的身材或客观研究者对她们身体魅力的评价无关。"换句话说，如果你觉得自己很美，并且在举手投足间流露出这种自信，那你的另一半肯定会更加认可你的美丽。[24]

合同条款 12：我是美女 ♀

为了我的健康和爱情，我以后再也不贬低自己的外貌了，特别是身材。我也不会在他面前再隐藏起身体的某个部分。如果我认为自己是美丽的，他也会这么想。

女士专用______________________________

相比赢得他的更多宠爱，或许更重要的是，"感觉自己很美"对健康有好处。研究者们在医学界做了一个名为"美与丑的身心医学"的演讲，他们拿出了来自医生、精神病学家、心理学家和家庭疗法的证据，说明了这个结论：如果你觉得自己很美，你的身体会更健康，更不容易生病。[25]

先生们，千万别认为以上这些内容跟你们没有关系！这些对你们同样适用。我之所以专门为女性写出那个条款，是因为你们对自己没那么苛刻。当然，你们偶尔也会趁四下无人的时候，往街边的镜子里瞟上一眼，看看自己够不够有型。你们也可能会每周拿面镜子照照脑瓜后头，检查一下还有多少头发"快乐地"生长在那里。但总体上说，

你们不大会抱怨自己的体型，或是太在意另一半对你外貌的看法。

然而，如果你想在经过人群的时候，赢得更多女士们“他真帅呀”的低声称赞，那请听好了——准备好了吗——秘诀就是：举手投足要有型。

有型？你肯定看过杂志广告上穿着凯文·克莱恩内衣或阿玛尼外套的那些酷哥吧。他们眼睛里流露出一副“在我眼里你啥也没穿”的神情，脸上胡茬的暗青恰到好处地渲染着阳刚气息。可真正体现酷帅的是他们站立的姿态：重心放在一只脚上，一根指头勾着外套，有意无意地抬起右肩，头部微仰的角度堪称完美。

在模特行业里，人们把这叫作举止有型。你也可以做到。

合同条款 13：我是型男 ♂

我会留意自己举手投足的样子，培养潇洒有型的风范。

男士专用______________________________

妙招 12

像皇室贵胄般进入房间

走进一个满是陌生人的房间，就像跳进一个冰凉的游泳池。最难受的一步就是站在泳池边上，设想碰到水的那一刹那是什么感觉。可一旦你下了水，就会发现根本没那么冷，你也就开始享受嬉水的乐趣了。

你站在派对门口。每个人都乐在其中，有人在笑，有人在聊天，有人在喝酒、吃东西。他们好像全都很熟悉。你的膝盖直哆嗦，腿像灌了铅似地迈不动步。

以下就是解决这种烦恼的妙法。你跟别人得体地对视，脸上带着诚挚的微笑，力度适当地握手。你表现得很不错——除了脸上流露出的那种不自然的、本能的恐惧。你当然想换上一个自信的微笑，可你觉得对着没人的地方傻乐，简直就是一副蠢相。

这正是我要讲的办法。我称之为“皇帝的新衣”。或许你还记得那个故事吧，有人告诉皇帝，只有正直的人才能看见那件华丽的新衣服，否则就完全看不见。于是，皇帝大摇大摆地上了街，跟班们都啧啧连声，赞叹着新衣服。人人都想让别人以为自己是正直的，因而都声称看得见那件新衣服。直到有个诚实的小孩儿高喊道：“可皇帝什么也没穿呀！”

使用这个办法的时候，你要在想象中穿上“华服”，可别担心，你用不着什么也不穿。

第一步：进门之前，先对着人群里某个空白的地方热情地笑笑，挥挥手。没有人会认为你是在跟墙纸打招呼。两旁的人多半不会注意，万一他们注意了，也不会去看你是在跟谁打招呼的。

如果那头真有你认识的人，那最好。就算他们面朝着其他方向，你也要像当面问候一样，冲着他们的后背打声招呼。

第二步：走入人群，开始皇室巡礼。想想伊丽莎白女王，想想那些拉票的总统候选人。走入“随从”当中的时候，点头、微笑，每经过三四个人就向人家微微示意一下。

别人能看出你在装吗？绝对不会。每个人都在惴惴不安，他们会以为你认识所有的人。你对之点头微笑的那些陌生人会以为其他人都跟你很熟，而你不过是认错了人，要么你就是个真正的名人——名人就该有名人的范儿嘛。

如果你真的遇见了认识的人，那真是运气好。现在你可以停下，跟人家聊上一会了。他们也会觉得很幸运，因为你认识满屋子的人，却挑了他们来寒暄几句。

现在你已经跳进游泳池了，你要么跟哪个熟人踩水似地聊上几句，要么就蛙泳几下，直到……

第三步：你走到屋子尽头那位虚拟朋友身旁。“咦，他们上哪儿去了？”现在，你已经给你认识的每个人和每个看到你的人都留下了好印象，因此，你可以开始皇家巡游的最后一步了。

第四步：找个目标，主动上前介绍自己。形单影只的人就是好机会。这个人八成已经注意到了你自信地一路走进人群，跟“粉丝们”打着招呼，因此他或她会很荣幸跟你聊聊。

四周没有落单的人？那就看看酒吧或餐台，你会发现有很多人在那边逗留。食物不仅仅是喂饱肚子的东西，也是跟其他食客们搭讪的好谈资。

“嗨，这些胡萝卜条看上去很不错啊。可我今天想吃点别的。你发现什么好吃的没有？”

“你好，要是我点朗姆酒和可乐的话，别人会不会笑话我？”

顺便说一句，要是你能忍住那种“非得在手里抓点什么不可”的诱惑，那最好了。空出手来，你会显得更加容易接近，而且也可以跟别人握手。

头一回用这个方法的时候，你会觉得自己有点傻。可多年来我一直用它，也介绍给很多朋友用，他们都觉得效果特别好。开心的是，我们从未遇见过那个对着虚伪旁观者说出真话的孩子：“国王什么也没穿啊！”没有人嚷嚷：“哈哈，她这是虚张声势呢，她其实谁都不认识。”

合同条款 14：皇帝的新衣 ♀♂

每当我走进一个全是陌生人的房间时，我会锁定房间那头的“虚拟朋友”，像王室人物般高贵地向他们走去，每经过三四个“老熟人”，就对那些人点头示意一下。走到目标地点后，我会跟另一个独自待着的人开始聊天（这个人会觉得很荣幸，因为我显然是个朋友遍天下的人，却过来跟他搭话）。

妙招 13

握手的学问

现在，咱们开始谈第一个精心设计的肢体接触动作：握手。在某些社群中，握手比一份 20 页的合同还有效。例如，在纽约的钻石区（位于曼哈顿 47 街夹在第五大道和第六大道之间的部分，是世界几大钻石交易地区之一。——译者注），不计其数的珍稀宝石不是通过合同来买卖交易的，而是通过握手。你违反了合同，他们会起诉你。可要是你胆敢违背握手的诚信，他们会打断你的腿——这还只是开始!

但咱们要谈的是两个握手人之间那小小的合约。它的意思是“你好，我拿出一两分钟跟你聊聊，看看咱们是否对彼此感兴趣”。

握手是友谊的开端。在你的手触碰到对方的那一瞬间，你同时发送并接受了数千个潜在的信号。疲软无力的握手在支支吾吾地对你新认识的人低语：“我是个被动的窝囊废，不会跟人打交道，而且我一点儿也没兴趣见到你。”相反的举动也好不到哪里去。重重的一握就像是在冲着对方大吼：“我内心深处其实是个胆小鬼，我打算捏扁你的手，好证明我不是个胆小鬼！”

以下还有几种握手方式：“居高临下型”，这种人把手从高高的地方放下来，好像是让你去亲吻他或她的戒指；“猛拉型”，这种人会使劲拽得你打个趔趄；“强盗型”，这种人把胳膊直挺挺地冲你捅过来，你恨不得立马举起手来求他“别开枪”；当然，还有“双手握手型”，无论这种人接下来要说什么，你都知道他图谋的是你的选票、钱，或者是你本人。

我最不愿提起的是“手汗型”的人。尽管几十年过去了，可我依然忘不了高中时的焦虑——我的手特别爱出汗。我的很多朋友比我幸运，她们一紧张就会狂长青春痘，而这种尴尬通过化妆就能掩盖。可我一紧张，手就会出汗。我对自己那双凉冰冰、汗津津的手毫无办法。我什么都试过了——有时撒个善意的小谎，说我手酸；有时假装看不见人家伸过来的手。后来我只得随身带个小手帕，跟人握手之前飞快地擦一下。可这也毫无作用，擦手的动作太明显了，我的手也太不争气。这双手就像是个永不下班的出汗工厂。

每年六月，我们学校都会举行“年度最佳学生”颁奖典礼。在体育、绘画、科学和写作方面表现最佳的学生会当众上台领奖。我有幸得到了写作奖。

那一刻我非常激动，可一想到要把湿漉漉的小爪子伸到全校学生面前，高兴劲儿就全没了。我祈祷颁奖老师的痛苦（还有我自己的）能快点结束。

大日子来临了，我做好了充分的准备，避免出现尴尬。我和其他获奖学生都在后台等着。念到我名字的时候，我偷偷地使劲甩了甩手——就像从河里爬上来的小狗甩掉身上的水珠似的，然后又掏出手帕擦了擦，最后把手帕塞到了后台的一个花盆里。我敢肯定，那盆花会喜欢上头的水分的。

我骄傲地走上台，把右手伸给颁奖人李老师。握住我右手的同时，她把奖章用左手递给我，然后我俩转向摄影师。闪光灯没亮。他又按了一次，还是没亮。摄影师一边咕哝着要换灯泡，一边低头到器材包里翻找。李老师放开了我的手，此刻它已经汗流成河了。在摄影师换灯泡的两分钟里，李老师察觉到了我的窘迫，于是对大家讲了几句写作的乐趣之类的话。可她不知道，我心里头已经濒临崩溃，我感到汗珠正从手上汇聚成涓涓细流，滴落在地板上，形成个小水洼。

摄影师终于搞定了一切。李老师重打精神，对我又说了一遍，“祝贺你，莉莉”，然后拿起了奖章。可怕的一刻到来了，而我没有任何回旋的余地。我没法说在刚才的两分钟内我扭伤了手腕。我也不能突然决定我要当个外科医生或钢琴演奏家，因此凡夫俗子不得碰我的手。

带着热情的笑容，她伸过了右手。我盯着它，害怕得动弹不得。我不敢让好心肠的李老师握住我那条藏匿在背后的冰冷湿黏的“鱼”。肯定“僵持”了好几秒之久（简直像几小时一样漫长），因为我听见底下观众们在吃吃笑。我没任何救命稻草可抓，只得用又湿又冰的手握住李老师温暖干爽的手。像是有一阵风突然从北极刮来似的，她的微笑瞬间冻成了冰。

在下一位学生上台之前，她不得不从放在讲桌上的包里掏出手帕来擦擦手。她当然是好意，可那动作就像母牛走过舞台一样显眼。观众席爆发出一阵大笑。

这事发生在 20 世纪 70 年代。可直到今天，一想起那恐怖的一刻，痛苦就会一下子袭上我的心头，就像早晨刚看到的小报标题那样新鲜热辣：“羞怯少年企图淹死老师（现正全国通缉中）。”

这么多年来，我意识到自己并不是唯一遭遇这种尴尬的人。如今有些人（几乎）像我一样不可救药。可幸运的是，手汗症现在可以治疗了。现代科学赐给了我们止汗剂（敲鼓吧，欢呼吧）。如果这东西能止住腋下出汗，那么对手掌也肯定有效。在重要场合，我的手依然会出汗，但我在穿衣打扮准备赴会的时候，不会用滚珠式或喷雾式的止汗剂。我用那种老式罐装的，把它先擦在手掌上，再抹在腋下。

“不该怎样握手”已经谈得够多了。下面咱们来谈谈“应该怎么握手”。就像每年体检的时候，医生会听听你的心跳、用晃眼的小手电照照你的眼睛一样，“握手医生”会检查你在以下 5 个方面做得好不好。

很多次沟通讲座中，我会用这个方法作开场：请听众跟不认识的人握手，然后趁他们进行到一半的时候，请他们先别动。

你也跟朋友试试看。握住手，然后握到一半的时候，停止不动。找人就以下 5 点检查一下你们的状态：

1. 你们有没有对视？这是个颇为基本的要求。然而，不少人出于羞怯或淡漠，会在这个关键时刻把目光移开。有个小诀窍，可以确保你的视神经聚焦在正确的地方：握手上下摇动的时候，暗暗记住对方眼睛的颜色。

2. 你们的虎口相碰了吗？哪里是虎口？就是你大拇指和食指之间的那个部位。每当和别人握手的时候，你应该把手滑进对方掌中，直到你们的虎口友好地互触。当你自信地伸过手去的时候，你会感到惊讶——有那么多人会抓住你的手，在你还没碰到他们的虎口之前就制止你。这种行为的潜台词是，他们害怕亲密的感觉。

3. 你轻按对方的掌骨了吗？按哪里？掌骨，也就是你手背上的骨头。我说的可是“轻按”哦。正是因为这个，才有“捏碎型”握手这一说：这些细细的骨头非常容易碎掉。（你年纪越大，这种骨头就越脆弱。）

4. 你们的手掌有没有贴合在一起，是否放个弹珠也不会掉下来？如果你的手掌离开了对方的手掌，对方可能会觉得你在隐藏什么——你知道那种感觉吧，就像孩子们爱藏在手里的“一握吓一跳”的小玩具（即 Joy buzzer，或 hand buzzer，是个小玩具。里头盘着一根弹簧，事先藏在手心里，跟人握手的时候会触动上头的一个钮，弹簧就会弹开，对方没防备的话会吓一跳，以为是电流。——译者注）似的。

5. 你的手掌完全垂直于地面吗？如果你的手背朝上，手心朝下，你相当于在说，“我是老大！一切都是我说了算。我说‘跳起来’，你就得问‘跳多高？’”如果你的手心朝上，就会显出一副乞讨的样子，对方会有种要给你小费的感觉。

如果这5点都做到了，那你的握手就完美了。

现在你知道了这5个握手的基本要素，那咱们再把它变得更完美一点。握手的时候应该摇晃几下？两下就够了，不然对方会以为你想提水呢。看看你的胳膊。你的胳膊是微微弯曲的吗？要是胳膊伸得太直，说明你很害怕，好像在说“离我远点”；如果你们的距离太近，会引发对方的焦虑感，对方会担心手被你紧紧拽住，再也抽不回来。

你的身体是前倾还是后倾？前倾的潜台词是：“我喜欢你，希望靠近你一点。”而后倾的意思全世界都明白：“我要在礼貌的范围内，尽可能地躲开你。”

合同条款 15：五星级的握手 ♀♂

当我跟人握手的时候，我会注意以下五点：

（1）保持眼神接触

（2）与对方虎口相碰

（3）轻按对方的手背

（4）掌心贴近到能夹住滚珠的程度

（5）手掌跟地面垂直

当然了，还有一点：用一只手握手！除非你是在慰问别人：“贵府的长尾鹦鹉仙逝了，我对此深表哀悼。”稍停片刻再松手。如果你能充满感情地看着对方的眼睛，再展现出诚恳的笑容，那你的关怀之情就表达得很充分了——唯有握手有这个力量。

过去几个月里，我总是逢人就判断一下人家的握手，我想改掉这个坏习惯，可就是改不掉。不过，我还是多次管住了自己的舌头，没有对刚结识的朋友说：“握得不赖呀！”

妙招 14

拥抱的学问

如今你不管走到哪儿，都能看见有人在做“A”式拥抱，做作地隔空亲吻。要是有人举起双臂，弓起腰，眼睛里带着那种“我真酷啊，因为我要给你来个法国式拥抱”的神情冲你扑过来，你多半躲避不了。但人气磁石会尽力把这一刻变得有点意义，方法是：起码来个真心实意的拥抱。

几年前的一次会议上，我知道了司空见惯的拥抱还有诸多含义。[26]

首先是“A”式拥抱。但凡是会议的头一天，你总会看见每个人都在这样拥抱别人——自打上次会议后，他们就再没见过。既然他们记不住彼此的名字（显然前一年的会议开过之后，他们就再没想起过人家的名字），就用拥抱来掩饰。就像两张上缘搭在一起的纸牌一样，他们的身体构成了 A 字形——脸颊贴在一起，可身体和脚却极力保持距离。口中的话总是兴高采烈：“嗨，你好哇。见到你真高兴。”

比这升级一步的是“A+ 拍背”式。跟 A 式差不多，只是多了个拍背动作。附加的潜台词是：“真的好久不见了。可我一点儿也不想碰你。”这种拥抱也适用于以下情况：两个异性朋友真的很高兴碰见对方，可各自的伴侣都在旁边，于是他们不敢把动作升级成真正想要的、心贴心的拥抱。

依我看，心贴心的拥抱算是第一种真正的拥抱。两个真心喜欢对方的朋友会大大方方地这样拥抱一下，一点也不拘谨。他们的整个上身触碰在一起，下半身依然是分开的，可距离却近得多。整个拥抱的潜台词是：“我们是好朋友。我真心喜欢你，可我们不会上床。”

女人之间常常会有这种贴心拥抱，除非其中一个人特别拘谨。男人也会这样拥抱对方，可持续时间只能算是女性版本的一个零头。有一项关于男性间拥抱的研究显示，就算在这转瞬即逝的拥抱中，“男性往往会表现出明显的紧张感”，唯恐对方会错了意。[27] 我经常能看见男人们出于真挚的情感，本能地跟对方迅速拥抱一下，然后暗地里四下张望，看看是否有人注意到。

现在咱们该说到“熊抱”了。这是我的最爱。全世界都知道这个词儿，这名字来源于兴高采烈的灰熊。

对我来说，或许“熊抱”这个词儿格外合适。因为我以前有个男朋友是个真正的“熊抱专家”。事实上，他不但会拥抱熊，还训练它跳舞哩！阿尔弗雷德（这不是他的真名，不过他的模样很适合这个名字）在艾奥瓦州自家后院里用搭篱笆的材料做了个巨大的圆顶笼子，饲养了一头叫巴尼的熊（这是熊的真名，而且它跟动画片里的巴尼熊长得一模一样）。他也经常带着巴尼到纽约去拍电影或拍广告。

巴尼不用工作的时候，阿尔弗雷德会向游客卖票，看他跟巴尼跳舞。这一对儿真带劲。阿尔弗雷德身材修长，长着一副雅利安人的面孔和一头长长的金发。他个子很高，但巴尼更高（3 米），更壮（体重超过 450 公斤——没吃早饭的时候），毛也更多。跟它跳舞可不容易。单是巴尼的一只熊掌，就比阿尔弗雷德的脑袋大。我的爱情控制在一头熊手中，想想真令人灰心啊。万一哪天巴尼对阿尔弗雷德有何不满，它一巴掌就能把他脑瓜打开花。

阿尔弗雷德邀请我到艾奥瓦去待几天，在那儿第一次看见他俩表

演的时候，我理解了熊抱的含义。演出开始了，阿尔弗雷德给巴尼下命令（它能听懂十几条），比如“转个圈”。大约有一分钟之久，巴尼茫然地看着阿尔弗雷德。阿尔弗雷德重复道：“转个圈，巴尼。”巴尼举起一只巨大的爪子，开始顺时针转圈，观众乐不可支地看着。巴尼完成了“足尖舞”和其他几个优雅的舞步（对熊来说）之后，阿尔弗雷德开始奖励它。他从塞满鸡胗、鸡脖子和鸡腿的口袋里掏出吃的抛给它。“巴尼真棒！巴尼真棒！”他夸奖着熊。

巴尼贪婪又开心地吃完奖品之后，它给了阿尔弗雷德一个大大的拥抱。从那一刻起，每个观众对于“熊抱”的理解就永远地改变了。在他们的余生中，一听见“熊抱”二字，一幅场景就会在眼前闪动：体重 80 公斤的阿尔弗雷德被五百多公斤的巴尼完完全全地搂在怀里。当他们再次熊抱别人的时候，那拥抱肯定会比以前更彻底、更热烈、更长久。

但是，我来给你讲讲我最后一次看他俩拥抱的情景吧。所有表演都按计划做过了。巴尼也已经跳了十几个不可思议的舞步。可这回，在热烈拥抱的过程中，阿尔弗雷德不能动啦！巴尼似乎也逐渐明白：只要阿尔弗雷德不能动，它就用不着再傻兮兮地跳什么芭蕾旋转了。没准还能当个天下第一熊，那比当众狼吞虎咽吃鸡杂强多了。

“放开。”我听见亲爱的阿尔弗雷德从熊毛丛中发出坚定的指令。在巴尼的大怀抱里，我几乎都看不见他的身影了。

“放开。”他重复道。那声音更加含混，可更大声了。巴尼低头看看埋在怀里的那一头黄毛，然后看看吓呆了的观众。

“放开，巴尼。”阿尔弗雷德又说了一次。巴尼的口水滴到了他的头上，以此作为回应。像是过了一辈子之久，巴尼终于放开了怀抱。阿尔弗雷德咧着大嘴开心地笑着，从巴尼的怀里挣脱开，脑瓜湿淋淋的，却高兴极了。他随后朝巴尼嘴里吹了几口气（这是熊类之间表达尊敬和爱的方式），更多大滴大滴的熊口水滴在他的头上和背上。阿尔弗雷德好像很喜欢这种感觉。

我看得都快恶心死了。

最后的场景是，巴尼躺在地上，大爪子在空中抓挠着：刚才跟你闹着玩呢，阿尔弗雷德。

可不知道为什么，自那以后我没法亲吻阿尔弗雷德了，美好的感情就此结束。我猜这原因跟很多恋人分手的原因一样：亲眼目睹我的男人被别“人”搂在怀里。

直到今天，那一幕人熊拥抱的场景远比我所有见过的人和人的拥抱更为真挚。打那以后，我尽量避免虚伪地拥抱别人，除非我是真心诚意地想去拥抱人家。拥抱的时候，我会把对方抱得紧紧的，哪怕只有一秒钟，也要像巴尼拥抱阿尔弗雷德那样（当然，我会尽量不把口水滴到别人头上）。

合同条款 16：诚挚地拥抱别人 ♀♂

每次当我真心想要拥抱别人的时候，我会紧紧地抱住对方一两秒，把它变成真正的拥抱。

妙招 15

自信交谈的秘密

如何与人自信又大方地交谈，背后的秘密可以精简为简单的三条。数十项研究都揭开了成功社交人士的奥秘，而答案都是相同的。

在这个领域中，我一直最喜欢的研究叫作“男性社交竞争力的行为评估”。[28] 说白了其实就是“为什么有的男生比较酷？”尽管这项研究是针对男士的，但对女性也适用。

社交赢家和输家之间有什么区别?

研究者挑选了两组男士参与此项研究。第一组是成功的社交人士。他们频频接到派对邀请，深受女性欢迎，而且大家都喜欢他们。这些人有大把约会，是社交场中的赢家。第二组是社交场里的输家。他们特别渴望得到约会的机会，可要么是犹豫着不敢约女士出去，要么就总是搞砸。既然这两组男士的英俊程度都差不多，于是研究者们就开始寻找，是什么因素让一组成为赢家，一组成为输家。他们请这些人参加了一系列测试。

你想跳舞吗? 第一个测试发生在舞场里。男士们需要邀请女士跳舞。

受邀的女性（她们事先知道这是个实验）要说：“我跳得不好。”

测试结果：听到这话之后，赢家组的男士们并没认为这是个拒绝，只是一句对事实的陈述而已。他们只是笑笑，然后继续与对方说话——表述的方式虽不一样，但意思都差不多：“我的舞跳得也不好。咱们为什么不坐下来聊聊天呢？”

没那么成功的那组男士反应各不相同，“哦”“呃”“这个……那好吧”等等。然后他们就放弃了。简言之，输家们把女士的回答当成了断然拒绝。

嗨，你好吗？第二个测试里，研究者们分别录下两组男士和漂亮女子之间的对话。这回参与测试的女性不知道这是个研究项目。绅士们的任务是和女士聊一会儿天，最终约她出去。

测试结果：输家组（绝大多数都被拒了）和赢家（总能邀请成功）之间的区别是这样的：

赢家们和女士闲谈，问问题，然后立即基于女士的回答提出自己的看法，或是讲述自己的经历。其中不少人会反问对方一个问题，让谈话继续下去。换句话说，他们不让谈话停顿下来。能量在持续地流动着。他们的谈话有种舒服的韵律。

输家组同样有趣事可谈。但不幸的是，在他们的谈话中，尴尬的停顿出现的次数更多些。他们暂停的时间太长，或是在回答问题前支支吾吾。谈话没有韵律感，这让女士们感到很不舒服。

研究者们还统计了男士们回答问题的时间长短。比如，有位女士问道，“你为什么搬到萨克拉门托来住？”赢家的回答更长，然后会把“球”再扔回去。赢家的答案会是这样的：

“嗯，原因蛮多的。第一，我看了不少这个地区的资料。我听人说这里的文化生活很丰富，尤其是戏剧演出特别多。天气也很棒，人们都很友好。而且，我在考虑学点兽医方面的知识，加州州立大学在这方面的实力很强。还有，几年前我姐姐搬过来了，她给出的全是好评。你呢？你是本地人吗，还是后来搬过来的？”

输家的答案是这样的，“呃，这个么，因为我姐姐住在这边，而且我想去加州州立大学深造一下。”

还有一个因素。赢家们的话音里总是有种积极的力量。听上去，他们是真心觉得自己说出来的东西很有趣，这种能量相当吸引人。

输家的回答更短，停顿也更多。说话半分钟之后，他们的声音就变得单调起来——你肯定不愿整晚听这种声音。

归根结底，赢家和输家之间的显著差异在于：第一，赢家不认为自己必然会遭到拒绝。请求跳舞未果时，他们完全不在意，随即就跟对方聊起天来。期待拒绝就像个自我实现的预言，你越是相信对方会拒绝你，就越有可能得到这个结果。

合同条款 17：反应要快，回答要多 ♀♂

我会采用赢家的谈话方式：

（1）不让谈话出现停顿，让对话一直保持活力；

（2）多说一些，回答问题的时候多回答一点儿；

（3）问对方一个问题，把对话的“球”抛回去。

____

第二，赢家交谈的韵律更为顺畅。初次听到一首歌的时候，你会先听旋律，再注意歌词。谈话也是一样的。赢家谈话的韵律很舒服，是因为他们反应得很快，因此不会出现尴尬的停顿。他们回答问题的时候，不会一句话打住，而是说得更多些。他们的声音充满活力。他们的举止表现出他们很高兴和面前的女士聊天。他们总会在回答完问题之后，再问对方一个问题，显示出自己对对方感兴趣。

妙招 16

害羞真要命

现在，咱们来认真地谈谈害羞的问题，因为它很重要——真的很重要。想想你小时候的情景吧。

4 岁时，你妈妈在超市里碰见了个朋友，你躲在她裙子后头。此时妈妈说你很可爱。“她怕生呢。”妈妈会笑着对朋友说。

10 岁时，你不愿意出去跟别的小朋友玩，宁可留在家里玩那套化学实验的小玩具。你爸爸对此很骄傲。“他有当科学家的潜质啊，”他对哥们吹牛说。（他不知道的是，你害怕跟别的小孩子一起玩，宁可跟瓶瓶罐罐待在一起。）

15 岁时，晚餐桌上，你眼泪汪汪地告诉爸妈，你跟别的孩子相处时特别害羞，每当要跟异性说话的时候，你都紧张得发抖。他俩对视一眼，带着理解的微笑对你说：“哦，别担心，这只是阶段现象。每个人都会害羞的。以后就好了。”你的父母完全不知道，这种对待害羞的态度可能会毁了你的一生。

首先，咱们来看看“以后就好了”的误区。大约有 30%~48% 的成年美国人深受羞涩之苦，并认为这是个终生的障碍。[29] 其中有 13% 的人特别严重。在人们的第一印象中，害羞的人往往不够聪明，而且他们对自身魅力的评估往往严重低于真实情况。因为害羞，他们总是觉得人生不够完整，从未对自己满意过。[30]

害羞的危害

害羞的人更难交到朋友，他们的约会机会更少，真有约会的时候，他们也总是搞砸。和有其他焦虑问题的人们比起来，害羞的人更难找到伴侣，更难步入婚姻殿堂。[31] 已婚的羞涩女性更难兼顾家庭和事业。孩子长大成人后，这些女性更容易感受到孤独和空巢期的痛苦。

更有甚者，羞涩的人找到满意职业的速度更慢。找到之后，中年时他们的职业稳定性较低。他们很少能找到一个能充分发挥天分的职业。[32]

够多了吧？还有呢。害羞的人更容易产生自我贬抑的想法，[33] 出现抑制行为，[34] 遭受孤独、[35] 焦虑 [36] 和抑郁 [37] 的折磨。这一切都是经过研究显示的结果。

我能说得再严重点吗？害羞真要命。它的根源是内心缺乏安全感。它会毁了你的人生。铲除它的最佳时机就是现在。

我对羞涩并不陌生。整个大学，我深受“恐谈症”的困扰。[38] 我太胆怯了，从来不敢独自参加任何社交活动。有一回，我试了一次。结果我整个晚上都站在同一个地方，跟墙纸比试谁更引人注目。结果墙纸赢了。

那时候，我没有榜样可学。那时候也没有这种励志电影：笨嘴拙舌的主人公奇迹般地克服了害羞，变得广受欢迎。如今的孩子们幸运多了。大堆的青少年影片在讲述着亘古长青的灰姑娘式的故事——怯怯的小笨妞变成了舞会皇后，赢得一干潮人的追求。或者是呆头鹅赢得了烤腊肠比赛（或其他什么出乎意料却鼓舞人心的比赛），也赢得了姑娘的芳心，成了大红人。

医治害羞的“良药”

1000万的美国成年人遭受着社交恐惧症（Social Anxiety Disorder）的困扰。听到这个数字，唯有同病相怜的人才会感到宽慰吧。就算你不是其中的一分子，你也偶尔会遭到它的侵袭。比如不得不做演讲的时候，或是参加一个满是陌生人的派对，要跟人闲聊的时候。你对它的症状肯定不陌生：心跳加速，脸红，手脚颤抖，恨不能一个筋斗云就翻到十万八千里之外。

展现更多磁力！

就像学滑雪一样，动作要一样样来。你要把刚才签下的十五个“条款”运用到每一个人身上——无论是在电梯里还是在街角。你很快就会轻松自如地出入社交场合了。最初的阶段，别担心说话的内容。人气磁石知道，真正起作用的是韵律。他们的声音很热情，身体语言是开放而友好的。人气磁石会让每一个跟自己交谈的人都感到特别。

咱们就别深入探讨那些乏味的理论了，比如多巴胺、去甲肾上腺素和血清素什么的。只说一句就够：化学物质含量不平衡往往是害羞或恐谈症的根源所在。对于那些不能正常行动的严重慢性案例来说，精神科医生们会开出抗抑郁剂来增加患者大脑中神经递质血清素的含量。可药物不是令人满意的解决方案，两颗小药丸绝对不会让一切万事大吉——吃了黄色小药片，恐惧就烟消云散；吃了橙色的大药丸就能更擅长社交；红色那颗能免得你吓得直哭。靠吃药来改变性格，为时尚早。这种事没法一蹴而就，但是的确有几个极佳的家庭疗法，能有效地缓解羞怯。（我的改变，就是缘于这些。）

第一招就是逼着自己去跟陌生人讲话。是否会有人嘀咕，“可我小时候，父母不让我跟陌生人说话啊？”

你不是小孩子了。深夜暗巷，你别跟陌生人搭讪，但是你可以跟你的邻居以及你家附近看上去很安全的路人说说话。在银行排队或在拥挤的餐馆等位的时候，你可以微笑着跟身旁的人聊聊天。加州一个治疗羞怯的诊所甚至建议人们去搭乘电梯——只为跟陌生人搭搭话。[39]

另一个好方法是养宠物，样子越有趣的越好！我曾经养过一只暹罗猫，它肯戴着项圈出去溜达。猫脖子上套个项圈，不慌不忙地昂首阔步，这景象可不常见。路人经常会驻足品评一番。我已经学乖了——在数百次听到人家问这猫咪名字是不是叫“莱西”（即著名电影《灵犬莱西》里那只聪明的牧羊犬的名字。——译者注）之后，我立即大笑数声。

动物总是很好的谈资。有一次，别人介绍我认识了一位矮胖的小伙子马克，他在举世闻名的富尔顿鱼市场（Fulton Fish Market）工作。我一直想去那儿参观，于是有天早上请马可带我去转转。他就像是个大明星似的，经过每个摊子的时候，人家都会热情地跟他挥手，笑着跟他打招呼：“嗨，猴爸爸！”我问马可这是什么意思，他说他养了一只宠物猴，经常让它蹲在自己肩头上四处走。可惜的是，那天早上猴儿还宿醉没醒呢。显然，每个人都已经习惯跟马可和贪杯的猴儿聊上两句了。

无论我们是肩膀上蹲只猴，还是牵个猫咪出来溜达，或是没目的地坐电梯，诀窍就是主动跟碰见的人说话。你练习得越多，这事就越容易。

学习做个自然大方的社交赢家，在任何社交场合都能如鱼得水，

这并不是件容易的事儿。每个分解动作你都知道，可合在一起做就是另一回事了。最好的方法就是每次只练习一两招。先练习 1 号合同条款“站在对方的角度看问题”和 2 号条款“眼神接触多一秒”，等这些变成自然而然的习惯后，再开始练习 3 号“扩展版的感谢”和 4 号“轻柔的碰触”。以此类推。

学习熟练地运用这些技巧，就像学习滑雪一样。碰巧，滑雪是我成年后最丢脸的经历之一。（要是你有孩子的话，现在就教他们滑雪吧，免得他们长大后受我这种罪。）我学滑雪的时候，已经是个彻头彻尾的成年人了——非要我说的话，是个手脚很协调的成年人了。我买了簇新的滑雪板和花里胡哨的装备，去上第一节课。有什么难的呢？教练的指导很简单：屈膝，保持背部挺直，身躯前倾。行了。现在看着山下，往前倾，把重量放到下倾的滑雪板上去。妈呀啊——！

很久很久之后我才学会——不用一门心思想着那些分解动作，而是享受身体飞速滑下山坡时的淋漓畅快，感受面颊旁清冽的寒风，甚至还有空冲其他的滑雪人笑笑哩。

合同条款 18：主动跟陌生人谈话 ♀♂

如果我是个害羞的人，我每天至少要跟 10 位陌生人说话。我的声音充满热情，眼睛里闪烁着光彩，并且练习那 15 条合同条款，直到能够完美地运用它们为止。

妙招 17

做一个自信的人

自信带来财富

相信人们会喜欢你，这种态度不仅对赢得约会和参加派对有好处。自信还能带来金钱回报，对于公司来说，那就是大笔大笔的金钱。

宾夕法尼亚大学（University of Pennsylvania）的一位心理学教授对一家著名的人寿保险公司的业务代表们做了个“性格调查”。他问了很多问题，其中一个是“如果你遇见某个人，你相信人家会喜欢你吗？”有些人会回答:“当然了，他们肯定会喜欢我，为什么不呢？”在这项研究中，这类人被称为乐观主义者。其余的被称作中立者和悲观主义者。

这些乐观主义者受到的培训和工作经验并不比别人多。但在随后的几个月内，比起那些不那么自信的人，他们的销售业绩高出 37%！

“哟！”这家保险公司的高管很是惊讶。这位名叫马丁 · 塞利格曼（Martin Seligman，美国著名心理学家，他提出了“积极心理学”的概念，研究人们如何生活得快乐、成功、更有意义。——译者注）的教授的研究结果的确很让人震撼。因为这个，公司高层决定冒个险。他们大胆录用了一百名没有通过标准行业考试、却对自己的销售前景满怀信心的业务代表。

展现更多磁力！

秘密在于我们问自己的问题是什么。人的大脑是一台巨型计算机，你向它提出问题，它就去寻找答案。如果它找不到明显的答案，就会没完没了地搜索，哪怕追溯到你年仅两岁的时候。仍然没答案？好吧，大脑是如此坚决，以至于它一定会给你一个答案——哪怕那答案是错的。为了全权控制自己的思想，人气磁石们学会了一项本事：问出正确的问题。

公司的这个大胆举动也真够冒险的，可回报相当丰厚。比起那些通过了考试的同事，这些虽没通过考试，却天性乐观的业务代表们的销售业绩高出了 10%。

乐观主义者遇到挫折的时候会怎么做呢？塞利格曼说，悲观先生或悲观小姐做错了之后，会这样告诉自己：“难怪我搞砸了。我的社交能力（或业务能力）糟透了。”或者是：“跟女人（男人）打交道，我一点辙也没有。”

而乐观先生或乐观小姐会这样说：“我要找出我哪儿做错了，以免下次再犯。”

一帆风顺的时候，情况也差不多，塞林格曼解释道。悲观主义者会说：“这纯粹是瞎猫撞上死耗子，下回肯定不会再有这种好事了。”可乐观主义者会拍拍自己的后背，说：“我就知道辛勤工作会有回报的！”

假如你犯了个错误，你敲敲脑瓜，对自己说：“我怎么就这么蠢呢？”吱扭，吱扭，硬盘开始旋转了。好啦，大脑找到了一个答案。你蠢，是因为你一向很蠢，而且你会一直蠢下去。现在你感觉糟透了，你采取的下一个行动肯定蠢得很。

如果你换个问题问自己呢：“嗯，我能从这个错误里学到什么呢？”更好的是：“下回我应该采取什么不同的做法呢？”你肯定会找到答案，而且多半以后不会再犯同样的错误。人生和爱情中最大的赢家是这样的人——同样的错误仅犯一次。他们也会进化出长长的胳膊，每天做出良好表现之后，他们会拍拍自己的后背以示鼓励。

合同条款 19：积极从错误中学习 ♀♂

每当我做错了事，在开始下一步行动之前，我会坐下来，用这些魔力问题问问自己：

（1）我能从这件事里学到什么？

（2）我还能从中学到什么？

（3）还有什么？

我会一直追问下去，直到想不出来为止。然后，我会问，“下回我应该采取什么不同的做法呢？”（最后，我会拍拍自己的背，表扬自己当天做得不错的地方。）

自信拯救生命

人际交往中最愉快的事情之一就是，本来因为公事认识的朋友，有时会变成私交，发展成真挚的友情。有了真挚的友谊，你们之间就产生了信任。这种信任会让你“越界”，私下里跟朋友说些公开场合绝不会说的话。

我要骄傲地说一句，我的这种朋友中有一位是纽约声誉极高的心脏病专家，她在两个著名的大医院任职，也是一所最优秀的医学院的教授。她经常发表演讲，同时是好几个著名政要的心脏医疗顾问。换句话说，卡罗琳（这不是她的真名）绝对是个大人物。可她在晚餐桌上跟我说的有些话，绝对不会告诉记者，就连副手她也不会说。但她对此事深信不疑，就像相信她自己的心有心跳一样。

她没法证明这件事，可她说:“如果一个病人真心相信自己会活下去，我是说真的真的特别确信，不是那种‘尽力说服自己会好转’的，那么他活下去的几率会大幅提升。”说到这儿她的声音低下去了，眼睛湿润起来。她往前贴近桌沿，给我讲了一个病人的故事。这位病人三次心脏病发，被诊断为严重的冠状动脉疾病。“他躺在推车上，被人推过走廊去做开心手术的时候，家人都认为再也见不到他了。我也是这么想的。”卡罗琳说。

“我过去看着他，握住他的手。他孱弱地冲我笑笑。他几乎都说不出话了，‘这回我扛不过去了吧，医生？’这个人完全相信我的话。我给他看病已经有 6 年了，他知道我总是实话实说的。他没戒烟的时候，我曾经大声训过他，说每支香烟都是他棺材上的一颗钉子。有一次，我在候诊室里当着其他病人的面，把烟从他嘴里拔了出来，还告诉他，如果他还是非抽不可，我就不给他看病了。我还说，要是他想自杀的话，就换个地方自杀去！”

“总之，”卡罗琳说道，“我说什么他都信。”她站在他的病床前，直视着他的眼睛，不知道该说什么好。以前她从未骗过他。可这回不一样。她知道，如果她把真实想法说出来，那他的家人就再也见不到他了。

他又问了一次：“完了，是不是？”卡罗琳笃信宗教，绝不会篡改事实，除非……

“听听，你这是瞎说什么呢，”她撒了谎，“除非你毯子底下藏着香烟。你当然能扛过去，你肯定会好起来的。”

他相信了，而且他真的扛过去了。

卡罗琳告诉我，好几年后乔治才过世。她知道，那个弥天大谎给了他力量，也多给了他和家人几年时光。卡罗琳的信仰不允许她说出“上帝”这个词。但她仰望天空的时候，她笑了。她知道，自己对乔治说的那个弥天大谎会得到原谅的。

有时候，乐观甚至能拯救生命。

自信是最好的礼物

如果你有孩子，或是想要孩子，那你能送给孩子最棒的礼物就是乐观的心态，让他们相信，无论他们想做什么，都能做成。

卡罗琳长大的那个年代，人们都认为女孩子最好的归宿就是念个大学，然后找个如意郎君。可当她告诉家人，长大后想当个心脏病医生的时候，家人都没半点犹豫。我那位得州老友戴尔的乐观精神可以回溯到当年爸爸的那辆“我认为我能行”的小火车。

我还有一位事业极其成功的朋友班妮萨。清晨她走进办公室的时候，那双漂亮的杏眼，牛奶巧克力般光滑的肌肤，还有那一头闪亮的乌发，让人很容易以为她是这间公司的客户，超级名模中的一个。可她是个律师，而且是洛杉矶这所声望卓著的娱乐业律师事务所的资深合伙人。这成就非同小可，因为娱乐法务的竞争极其激烈，要当上资深合伙人，你得比“能干”优秀千百倍才行。何况，她还是个女性，而且是个非裔美国人。这下你该知道她有多厉害了吧。

有一天，我对班妮萨表达了钦佩之情，她说：“谢谢，可我从小就有这种志向。”

“可是，”我有点张口结舌，“你出生在50年代，那时候民权运动还没开始，你当时肯定没有想到会取得这么大的成就，是不是？”

“当然，”班妮萨答道，“我爸爸总是让我感觉到，无论我想做什么，都能做成。还记得阿姆斯特朗1969年首次登月吧？那年我10岁。”

“记得。”我说。

“那时候我家还住在布鲁克林一个很穷的片区里。可爸爸带我们全家搭地铁到市中心，去中央公园里看大屏幕直播。我的个子比大家都矮，所以爸爸把我扛到了肩膀上。我永远也忘不了那感觉。我比公园里所有人都高。阿姆斯特朗踏上月球的那一刻，就像是我为人类迈出了一大步一样。

“当天晚上回家以后，我对爸爸说，我要做第一个登上月球的女孩子。爸爸没有说‘行，你会和其他两百万个孩子一起登上月球的。快睡吧’，而是微笑地看着我，跟我一起坐下来很认真地制订了一个计划。‘首先，你需要学习天文和物理学。然后，你需要有工程学背景……’

“那天晚上上床睡觉时我非常开心，因为我知道，要是我想当个女宇航员，我就能当成。爸爸的态度一向如此，无论我想做什么，都能做成。

“随着年龄渐长，我决定改变天文的梦想，‘脚踏实地’地当个娱乐法律界的律师。所以我现在就干了这个——依然是跟星星打交道。但这些明星更加难预测啦。”

班妮萨的爸爸知道，让女儿相信自己能实现任何梦想非常重要。他把世界上最有价值的礼物给了女儿，这礼物的名字叫作“你能做到”。

合同条款 20：珍贵的礼物——“你能做到” ♀♂

我绝不会告诉年轻人——弟弟妹妹、表弟表妹、自己的孩子——某件事太难了，或是某个梦想无法实现。事实上，就算我认为那个方向是不可能的，我也会帮助他们迈出第一步。

第 3 章　获得真挚永恒的友情

特别漂亮的人其实是相当孤独的，因为没有人自认为配得上他们。所以，冒个险吧。如果你喜欢上了某个出众的人，让他或她知道你的心意。机会比你想的大得多。就算没有结果，起码你跟长相普通的人说话时，心里就不会再紧张了！

攻心计 1

每个人都需要朋友

当年，我是个爱笑的小丫头，天天龇着牙。街上人们都招呼我：“嗨，小波利安娜。”（这是个故事里的主人公，总是一天到晚笑呵呵的。）后来我长大了，牙齿也没那么显眼了，可人们仍然叫我“波利安娜”……因为我仍旧天天笑呵呵的。

我说的是真的！每天我都有开心事。我的人生有趣极了。问问我为什么吧，好让我滔滔不绝地跟你说说我是如何周旋于那些光鲜美好的工作之间的。我当过模特（做过鼻子整形手术之后），做过游船导游（给乘客们讲笑话，不管你讲什么，这些人都笑。坐游船不就是为了这个么），在百老汇当过演员（我演过一个角色哦），还在泛美航空公司当过空姐。

真的那么光鲜美好吗？有一次，当我跪在卫生间里，把臭水抽干，替乘客寻找隐形眼镜的时候，有人问我在找什么。我答道：“寻找工作的乐趣。”这些工作是不是真的那么五光十色，绝对有待讨论，可我在派对上讲起它们的时候，肯定都是很光鲜的！

随后，芭比娃娃长大了。我离开了那些有趣的岗位，去做更为严肃认真的事情。我读了大学，成了沟通技巧方面的咨询顾问、企业培训师、职业演讲者、作家。蒙上天恩赐，我的事业一帆风顺。我出了

4 本书、录了几盒有声书、成为“最佳演讲者组织”的代表，我有一大堆高兴的理由。我做着热爱的工作，我热爱我正在做的事情，我依然是波利安娜。

我得说，朋友们不再那样叫我了，因为此时我的朋友并不多。可我并没拿出多少时间来寻找朋友，呵护友情。毕竟那是要花时间的，我宁可把时间花在写作或准备讲演上。我是个货真价实的工作狂。况且，我有个真正的好朋友，柏拉图室友菲尔。我也有个男朋友，名叫乔治。

我的生活不仅开心，也很安全。一切都安排得井井有条。我的房子有保险、车子有保险，人身也有保险——条款里什么都照顾到了，连劈了个指甲或许也有人赔。

然而，我自大地告诉自己，最保险的保险，是我自己的头脑。感谢我在沟通技巧方面得到的训练，我有这个自信：无论发生了什么，我都能找出解决的办法。

意外突如其来

有一年夏天，我去参加一个期盼已久的会议，可一种怪异的沉重感突然压上心头。我从未有过这种不开心的感觉。为什么？全国女性经理人协会刚刚选中我作为当年度的演讲人，到全国各地去做早餐会演讲。我正要去参加的这个午餐会，就是为了跟协会的执行总监和旅行安排人员见面。

平常那个开开心心的我上哪儿去了？我怎么会看错了表，晚了一个小时才到餐馆？为什么我看着菜单，却觉得什么都不想吃？为什么她俩热烈地讨论着激动人心的行程，我却没法集中精力？为什么轮到我说话的时候，我却异常紧张起来？

汗水从我手掌中汩汩流下，滴到放在膝盖上的餐巾上。胡扯了个借口之后，我冲进了洗手间，任凭两位女士留在桌旁面面相觑。我敢肯定，她俩肯定想不通，为什么委员会竟然会选中我。我抓住水池的边缘，想平复一下情绪。我慢慢地抬眼向镜中望去，里面竟是一张令人毛骨悚然的陌生面孔，妆容已经花掉。我这是怎么了？

接下来的几周一片模糊。我感到一阵毒雾笼罩了我，吸干了我所有的精力。每一次呼吸，我吸进的是恐惧，吐出的是残余的快乐。我失去了11公斤体重，也失去了人生中所有的快乐。到了8月底，我变得形销骨立——我身高1.75米，但体重已经不到50公斤。

到了9月，我意识到这不是情绪不好的问题了。我曾经写过《遇谁都能聊得开》（*How to Talk to Anybody About Anything*），如今却害怕跟人说话；我写过《如何让你爱的人爱上你》（*How to Make Anyone Fall in Love with You*），如今连唇膏和粉饼都不想碰。我开启了电话答录机，只接非接不可的电话。帮我做有声书的制作人刚刚启动了全国范围内的营销活动（录音带的名字讽刺极了，叫作《自信交谈》）。可我像个躲在妈妈裙子后面的小孩子，一心只想藏在窗帘后，不敢跟邻居说话。我的新书《像赢家那样说话》（*Talking the Winner's Way*）刚刚上市，可我不得不取消作者巡回推广活动，因为我的表现肯定像个输家。

最简单不过的事情变成了无法逾越的障碍。我会站在超市的货架前发呆，不知道该选哪种罐头汤。番茄？蔬菜？鸡汤面？牛肉大麦？选择成了不可能完成的任务。有时我会看见某个穷困的老妇人把橙子捏个遍，然后决定该把少量的优惠券花在哪一个上头。我宁愿拿自己的一生来跟她交换，因为她能够做出决定。

菲尔不知道我这是怎么了，很担心我。为了避免他的追问，我告诉他这是荷尔蒙失调——女人的事儿。（男人们从来不打听女人的“特殊情况”。）可我自己知道，我的头脑正在一天天地瓦解。

现在说到乔治了。他是个船长，让我感激无比的是，他有天生的本事，能把人照顾得无微不至。他把我带到我那个小小的周末度假屋里，片刻不离地陪着我。他给我做饭，照顾我，还尝试那个不可能的任务——在这个越来越严重的噩梦中，宽慰我。

有些时候，我真心相信这是个噩梦，要是我喊的声音足够大，我就会醒过来。可不幸的是，在这场神秘的疾病里，我好像没有醒来的可能。

9 月只是个开始。随后，这一场持续了 3 个月 15 天又 7 个小时的莫名恐惧拉开了大幕。到了 10 月，上网收邮件、填支票付账单都变成了难以做到的事情。数字在纸上跳舞，嘲弄我。填支票的时候，我算不对数目，颠倒了数字，犯下不可理喻的错误。（垃圾清运工把支票给我退回来的时候肯定笑话我了，那上头写的不是 \$44.65，而是 \$4,465.00。）账单上印的“请从洞眼处撕掉并折起”，或者“在支票上填写账号”，肯定只是为了奚落我。对我这么个无助的人，他们怎么一点同情心都没有呢？

坠入谷底

到了 11 月，痛苦已经变得无法承受。我告诉乔治，为了获得解脱，我愿意不惜任何代价。乔治吓坏了。带我去附近公园散步的时候，他牢牢抓着我的手，因为我告诉他，我觉得每一辆开过来的车都像个机器，如果我时机拿捏得好，它们就能帮我脱离苦海。在公园里，我仰望着悬崖，盘算着它们是否够高，要是从上面跳下来，会不会立刻获得解脱。我知道这些想法都是不正常的，医生告诉我，这是“暂时性”的忧郁症。可是，当接下来的 5 分钟像一辈子那样漫长之时，我没法离开那些奇怪的想法。

12 月来临了，气温降到了零度。此时的我蜷缩在沙发上，像个被大头针钉住的毛虫般痛苦蠕动。由于我无法拆开账单，水电公司停掉了服务。这一回乔治帮不上忙了。他的母语不是英语，很难打电话去解释清楚没及时付账只是一时疏忽，支票已经在路上了。

多年前，我当空服人员的时候，在一次坠毁训练课上我问教官，“要是飞机失事，我们留在机上帮助乘客的时间应该是多长？”回答是：“直到火势太猛，或是水位太高。”

如今火势已经太猛，水位已经太高，我没法再假装一切正常了。我尽可能稳住音调，给菲尔打电话，说出实情——医生说我得了“严重的抑郁症”。菲尔能帮我拆信、付账，然后把支票寄到这座乡间小屋，好让乔治扶着我的手签好字吗？

就好像我在说“我牙疼，你能给我拿片阿司匹林吗”似的，菲尔立即答道：“当然可以，莉尔。”然后，他把我跟一堆精英分子并列在一起，想宽慰我。他说：“不少伟大的作家都得过严重的抑郁症，比如阿尔贝·加缪、威廉·斯泰隆、维吉尼亚·伍尔芙、杰克·伦敦、欧内斯特·海明威。”

我感谢他的这番好意，可我已经无力接受宽慰了。此外，他忘记了一点：后三个作家可是亲手结束了自己的痛苦。

12 月中旬，我能够让脑子里咆哮的风暴平息一小会儿了，数月以来，我第一次产生了并非全然痛苦、全然以自我为中心的念头。在短暂的一瞬间，我心里充满了对菲尔和乔治的感激之情，难以置信的友情的力量拯救了我。

接下来的几周，我脑海中开始闪现出一些理智的想法。我觉得，这是因为我想到了两位亲爱的朋友，意识到他们俩都在全心全意地帮助我。他俩的贡献完全不同。乔治是一个充满爱心和耐心的照料者，可他没法区分垃圾邮件和国税局的审计通知，也没法用英文跟水电公司交涉。菲尔是个聪明的作家，也是个优秀的组织者，可他连只猫都照顾不了，除非把它编成程序输到电脑里头。

如今我真心相信了，朋友是上帝派来照顾我们的救星。缺了一个，我精心构筑起来的生活就会崩溃四散；缺了另一个，我可能连生活的机会都没有了。

这一切和“如何吸引别人”有关系吗？

样样都有关系。遭遇抑郁症前，我的人生信条是“我们就是自己最好的朋友”，和很多励志演说家一样，我在自己的讲演中宣扬这个观点。我宣称，无论遇到什么困难，我们总还有头脑和心灵可以借助。

如今我知道了，没有比头脑更幽深的地牢，甚至连心灵也会背叛你。你有可能成为自己最强劲的死敌。这种情况出现的时候，你需要朋友和爱人出手相助，保护你免遭这位恶毒的、弹药充足的、对你脑海里每个想法都了如指掌的敌人的袭击。

我买了很多种保险，可有一项最重要的保险我却从来没买过。这个保险你没法“购买”，但同样要付出代价来交换。这个交易中，货币不是金钱，你要付出的是时间、个性和爱心。这就是拥有忠诚朋友和真挚爱情的保险。当你真正需要的时候，唯有这一个保险能救你一命。

潘多拉的魔盒突然关上了

随着圣诞节和新年的到来，偶尔出现的轻松感给了我希望。是不是我前半辈子精力过于旺盛，乐过了头，所以头脑决定平衡一下，而它现在终于找回了平衡？三个多月的折磨是个高昂的代价，可或许我终究要付出这个代价。也有可能，只不过是药片发挥了作用？

在这些短暂的清醒时刻，我能够正常地做些事情了，打个电话，签一两张支票。可它们太短暂了，余下的时间里，我再度沦为痛苦的毛虫。

12 月 30 日，我像胎儿般蜷缩在沙发上（这姿势好像已经成了我的固定姿势），费劲地抬起沉重的头，看了看时钟。盯着钟的时候，就像之前无数次一样，分针拖着缓慢的脚步，从下午 4：04 挪到了 4：05。突然我有种异样的感觉。几个月以来，我第一次感到一阵清爽的微风拂过背脊。是那阵毒雾开始消退了吗？它盘旋着，上升着，把痛苦从我的脑海中吸走。可能吗？太阳快下山了，一丝缕阳光从窗户中投射进来。自从 9 月以来，我好像第一次看见阳光。我真的看见了吗？

下午 4：05，痛苦扭动的毛虫伸展开躯体，挣脱了束缚。我觉得自己像一只破茧而出的蝴蝶。我挺直腰板站起来，向后转转肩膀，把胳膊高高举向空中。我是不是自由了？

尚在晕眩中的我扭过头去，低头看着沙发。这么久以来，那儿一直是我的藏身之地。在沙发上膝盖和头部的轮廓中，我看到了抑郁，就像电影《惊魂记》（*Psycho*）中贝兹旅馆床上的那位“母亲”。

这就是我的经历。惊悚影片已经结束了。为何我的脑子决定要度假 4 个月，我永远无从得知。有个医生说，工作狂的生活中缺乏朋友和爱人来平衡，会形成一块空白，可能会引发崩溃。另一个解释说，狂热的生活可能会诱发抑郁。他说，以前人们管这个叫“精神崩溃”，如今又有了个新名词，叫作“单相抑郁症”，意思是说，一辈子只有一次的严重抑郁。他们都十分谦虚地同意，现代医学还没有现成的答案。我知道的只是，要是我的大脑准备去度个假，本可以去个比地狱强点的地方！

我能在此插播一条“公益广告”吗？我祈祷你不会遇到这种事。可是，万一你真的遇上了（据估算，每10个美国人中就会一个会遭受抑郁困扰），头脑坠入了那个深渊，千万别像我一样，让自尊心挡路。你要立即寻求帮助。发现第一丝暗影的时候就告诉医生，同时保持坚定的信念：我一定会康复的。我保证，当你平安归来的时候，你会觉得生活比以往任何时候都要安宁快乐。还有，虽然你的心灵曾被扭曲成无法想象的形状，但等你康复之后，它付出爱的能力会更强，对爱的渴望也会更强。

12月31日，我和乔治、菲尔、菲尔的女友考琳一起度过了一个快乐无比的新年夜。“波利安娜”过了一个有史以来最快活的新年。她的新年计划是什么？交更多朋友，并且帮助别人这么做。

因此，才有了这本书——《吸引力是这样炼成的》。

攻心计 2

友情的第 1 条戒律

你肯定听说过“天下没有免费的午餐”。真实而悲哀，是不是？我不这么想。它只是真实而已，没什么可悲哀的。不，我不是个愤世嫉俗的人。是的，我深深相信爱的力量。请听我解释。

在我认为明天永不会到来的那段日子里，我的朋友菲尔和乔治付出了全部的心力，无私地照顾我。他们夜以继日地照顾我，是因为他们想要回报吗？他们这么做，是因为他们是真正的朋友。

但是，咱们追根究底地分析一下。

问题：他们为什么会成为我真正的朋友？

答案很简单：因为他们喜欢我。

再往下深入一步。

问题：他们为什么喜欢我？

这个答案就没那么简单了。或许是因为他们喜欢我的思维方式，或是我跟他们分享的知识，可能是因为我们一起开心大笑，也可能因为我也曾无私地为他们付出。无论原因是什么，真正的朋友共同经历过某些事情，从彼此身上得到过某些东西——任何东西都有可能。

或许，这种东西是新知。阿娜依斯·宁（Anaïs Nin，1903~1977，20 世纪著名西方女性文学作家。——译者注）曾写过，“每个朋友都代表着我们心中的一个世界，在他们出现之前，这个世界并不存在。唯有和他们相遇，这个全新的世界才就此诞生。”

或许是对自我的了解。因此乔治·赫伯特（George Herbert，1593~1633，英国诗人、演讲家和牧师。——译者注）才会这样说：“老朋友是最好的镜子。”

或许朋友帮助你成长。亨利·福特说：“我最好的朋友，就是那个把我的最佳潜质挖掘出来的人。”

或许，只不过是因为朋友让你更开心。约翰·卢伯克（John Lubbock，1803~1865，英国银行家、律师、数学家、天文学家。——译者注）说：“朋友就像大晴天，让每个地方都阳光灿烂。”（约翰对阳光这种东西应该了如指掌，因为他是个天文学家。）

或者，朋友能帮你想清楚问题。“你可以把心里的想法尽情向朋友倾吐，除去谷糠，留下谷粒。你知道有双最温柔的手会挑拣、筛选，把该留下的留下，再善意地吹口气，把其余的吹走。”这是阿拉伯的谚语。

朋友或许是不会主观评断你的人。特雷莎修女相信，“如果你去评判人们，那你就没有时间去爱他们了。”

或许他们给你的礼物是“即使沉默也很自在”，当你不想说话的时候，可以跟他们一起舒服地静静待着。有句俗话说，“当沉默不再尴尬的时候，你就会知道，你正身处友人当中。”

或许朋友给你的礼物中有一定程度的自我牺牲。“朋友就是他更愿意去别的地方，可却留下来陪着你的那个人。”

或者，朋友在你停滞不前的时候帮你坚持梦想，当你不相信自己的时候，他们依然相信你。“朋友知道你心中的歌曲，当你忘了词的时候，他会唱给你听。”

无论你们成为朋友是出于什么原因，你肯定给予了他们某些价值，反之亦然。要想拥有好朋友，你必须要先做个值得结交的人。纪伯伦曾经写道：“友谊是甜蜜的责任，不是投机。”

朋友不是交来的，是“换来”的

如果要把关于友情的事实镌刻在石碑上，那么第一条戒律就是：得到前要先付出。

这是不是很容易错误地理解成交易？好像有点以眼还眼以牙还牙的意思？某种程度上是这样。如果我不曾对两位朋友做出无私的奉献，他们可能也不会这样对我。如果我没有幽默感、又蠢又笨，而且自私——换句话说，我没有任何“礼物”可以给他们，那他们肯定也不愿意给我。如果他们是那样的人，我也不会有动力给他们任何“礼物”的。

有很多真挚而长久的友谊（或爱情）之所以发生，只是因为某人有种特殊的“礼物”。我认识菲尔，是在多年前的一个写作研讨会上。菲尔把那个年代称之为“DOS 年代”。那个时候，我正在一堆新名词里挣扎，比如 COBOL、PASCAL、FORTRAN 等等，不少电脑技术人员都想用这些行话来糊弄人。他们说，要想玩转电脑，必须把这些全搞懂。最后，菲尔和我简单地聊了一会——或者应该说，他耐心地听我独自抱怨了一通电脑有多难搞。

“嗯，我可以帮你弄弄。”

哈利路亚！这就好比天幕拉开，“电脑上帝”说道：“你被拯救了。”第二天下午，菲尔就到我家修理我的电脑，一两个小时之后，电脑开始欢快地嗡嗡运转起来。出于感激，我顺理成章地请他留下来吃晚饭。我们的友谊就此开始。

展现更多磁力！

人气磁石知道，如果想吸引到优秀的朋友，自己必须不断成长。当人们变得太容易预测的时候，厌倦就会滋生，关系就容易出问题。

我回报他什么呢？像他那么有用的本事，我是没有的，可我的阁楼里有空房。我巴不得有个既是作家又是电脑天才的人租下这间房哩。就这样，他成了我的柏拉图室友。

爱人也是“换来”的

如果我说，尽管真挚的爱情是无私、忘我、充满关爱的，但你想得到爱情的话，要先拿出点东西来换，是不是有人要起哄抗议了呢？可供交换的东西，可以是上天赐给你的天赋，也可以是后天发展出的才能。

一项名为“公平理论”（又称社会比较理论，主张人们受激励的动因来自人与人间的相互比较。由美国心理学家约翰·斯塔希·亚当斯于1963年提出。——译者注）的浩大研究显示出毋庸置疑的结论：人们在挑选爱人的时候，会像买房买车一样算一笔账。[40]

爱情中的法定货币是什么呢？公平理论的研究者们精炼出了6条：

外貌、金钱实力、声望、智识、个性、品德。他们管这6条叫作“买到一个好伴侣的货币”。

把个人素质和身家条件拆分成6条，这当然有它的缺陷。人们对词语的理解不一样，何况这里面没有考虑其他的因素，比如宗教信仰、年龄、双方想要几个孩子、各自的家人对对方的印象如何，以及双方对“爱情关系”的定义。[41]

这些先按下不表（要费很大劲才能“按下去”），真正吸引我的是，公平理论可以拿来预测——两人相处得是否幸福，要看他们“摆上台面”的东西。我只是拿它做个例子，来说明有些研究人员是如此确信爱情关系中存在着“礼尚往来”的规则，以至于他们把它拆分成了可以量化的指标。当然，这支持了我们的观点：想要吸引到更多朋友和爱人，你就要拿出更多的“礼物”来分享。或者，用公平理论研究者的话说，拿出更多的“货币”。

合同条款21：积累更多的“礼物” ♀♂

为了吸引到更多的朋友、更好的爱人（并且/或者让自己成为更好的朋友和爱人），我会有意识地在以下所有方面提升自己，积累起更多可以与人分享的“礼物”——外貌、学识、金钱实力、个性、声望，还有最重要的：品德。

攻心计 3

给朋友一个甜蜜的惊喜

当今许多女性不仅重视和异性的情爱关系，她们对同性间的友情也一样看重，或许还更看重。只要问问“宝贝、时髦、疯狂、动感、热辣”这几个姑娘你就知道了。“谁？”我是不是听见婴儿潮一代（即出生在 1946 年至 1964 年间的一代美国人。——译者注）在问啊？这几个女孩子是辣妹合唱团的成员，在歌曲“Wannabe”中，她们唱出了当今女孩子们对闺蜜的情感。就算你不明白歌词，你也肯定听到过这首歌吧:“要是你想当我的白马王子，就要跟我的闺蜜们永远和睦相处，因为友情永不会结束。”

婴儿潮一代的姊妹们，咱们可以骄傲地说，我们是最先认识到“同性之间可以有跟性关系完全无关的深挚感情”的一代人。我们把这种看法教给了自己的女儿。可在我们父母那一代人眼里，完全不是这么回事。在他们那个时候，如果有男孩子来约（就算赶在最后一分钟），女孩子肯定会想也不想地推掉原先跟闺蜜说好的事情。高三那年的一个星期六，我最好的朋友斯黛拉跟我约好去看电影。她从她哥那儿借来了车子，这样我们就可以在外头玩一晚上，然后开车去唐人街吃晚饭。

周六下午，电话铃响了。我以为是斯黛拉通知我她几点来呢——

晚上她会开着她哥哥斯宾塞那辆时髦小车来接我。（凑巧的是，斯宾塞本人就是个时髦小帅哥。自打两年前我在斯黛拉家里见到他的第一眼起，我就开始暗恋他。可这只是一厢情愿，他已经名花有主了。）

接起电话，我发现不是斯黛拉。话筒那头传来弗雷迪的浓重鼻音。几周前的一个派对上，我认识了这小子，他满脸雀斑，还有口臭，是个特别无趣的家伙。

接电话的时候，我妈妈正好从门口经过。“哦，弗雷迪，你知道我愿意去的。跟你去参加派对肯定很有趣。”（那个年代我们学到的是，要谨慎地撒谎，好给男人留面子。）老妈在门口冲我直乐。“可是，”我接下去说，“今晚我已经跟闺蜜约好了去看电影。”我能想象到她那副惊愕的样子，我竟然拒绝一个小伙子的诚恳邀请，要跟女朋友出去玩？挂上电话，看见老妈的样子，我意识到我肯定是犯下了严重的错误。她那副样子让我想起水面上的鸭子——羽毛一丝不乱，可水面之下，脚掌在慌乱地拨拉。

妈妈清清嗓子，问道：“莉尔，亲爱的，我刚才是不是听见，你拒绝了一个男孩子的约会，只是因为你跟斯黛拉说好了要去看电影？”

“是的，妈妈。约我的是弗雷迪，跟他出去肯定会闷死，比坐着等油漆干还无聊。斯黛拉比他好一百倍。”

“可是，亲爱的，”她尽力压住火气，“你想见斯黛拉，啥时候不行啊。弗雷迪这是在约你出去啊。”

“妈，他嘴巴太臭了，我隔着电话都能闻见。”

我妈奇怪地看了我一眼，有那么一刹那，她大概怀疑女儿的性取向有问题。她还说道：“你在电影院里哪儿能遇见男生？我不是经常告诉你吗，不妨‘吃着碗里的，瞧着锅里的’。”说完这条颇能误导人的箴言，我妈大步走出了房间。（走得不算太光彩噢。）

下一通电话是斯黛拉打来的。我把刚才的事儿告诉她，我俩大笑了好一阵子。从她的笑声中，我能听出一丝感激。我俩之间很少明说，可谁都明白。她打算 7 点钟过来接我。

还记得我提过斯黛拉的哥哥吧？那位个子高高、体贴周到、体格强壮、温柔和气、聪明机智的帅哥。不久前我发现，他跟原先的女朋友分手啦。猜猜 7 点钟是谁来按门铃的？对啦。(上帝你真好。)

钻进车里的时候，斯宾塞搀扶着我的胳膊。斯黛拉坐在里头，会心地冲我笑着。

我从未跟斯黛拉提过我喜欢她哥哥。可如今回头看看，她当然明白。好朋友明白哪些话你不想说，而且尊重这个界限。

我们三个玩得很开心。可对我来说，好戏还在后头。看完电影，我们去中餐馆吃饭。斯宾塞看着我说:“你拒绝了那个大帅哥的邀请，真是太好了。斯黛拉跟我说了。”

“什么的邀请？”一口炒面噎住了我。

“对呀，斯黛拉跟我说，那个打橄榄球的小子今晚想约你去参加兄弟会举办的盛大派对。”

“可是……”我开始争辩。

“哎哎哎，”斯黛拉高声叫道，“吃个饺子，吃个饺子啊，”她一边说，一边把蘸满辣酱的猪肉煎饺塞进我嘴里，堵住了我，“饺子可香了！”

“真的，我觉得你对我妹妹这么好，真是太好了。”我企图平息嘴巴里的火焰时，他说道。

我看着他，尽量用塞满了冰块的嘴巴挤出个微笑。他也微笑着跟我对视的时候，交响乐突然在我脑海中响起，那旋律叫作“再次坠入爱河”。

如果斯黛拉预先告诉我，她会带她哥哥来，我也会开心死的。可那种感觉，怎可能比得上这“精心谋划”的惊喜呢。

如果我仔细听听脑海里的交响乐的话，我会分辨出另一首曲子的旋律，那是献给斯黛拉的，叫作“这就是朋友”。

合同条款 22：为朋友策划一个甜蜜的惊喜 ♀♂

有时，比起对爱人说一句“我爱你”，对好朋友说句“我好喜欢你”要更难。我会为好朋友准备一份惊喜，好让他或她知道，我的感情有多深。

攻心计 4

哥们，我非常在乎你

男生们，这一章是专为你们准备的。假设你有个铁哥们、好兄弟，无论风雨荣辱，你们都不会离弃对方，你会为他两肋插刀，你们的友情无比深厚。可这么多年来，你从未说过一个字你的感受。你有这样的朋友吗？你曾经告诉过这位死党，你是多么重视这份友情吗？

如果你的回答是“是的，我告诉过他”，那么恭喜你，你真是个稀世极品好男人。如果你的回答是“没有”，那也没关系。95% 的男生都是这么回答的。此外，你多半还会这么想，“这用不着说嘛，他肯定知道的。”

是的，你想得没错，他多半知道。这样也没问题。20 世纪 80 年代所谓的“男性运动”风潮如今已渐渐平息，男人们终究还是喜欢行动有男子风范的人。

所以，我干嘛还要讲什么“让铁哥们知道，他对你有多重要”呢？因为你买了这本《吸引力是这样炼成的》。我假设你知道，这“磁石”指的不仅仅是异性相吸、男女之爱。因此，就算你的哥们知道你非常在乎他，你也可以给他个机会，告诉他一声。

以下这个条款能增进你和铁哥们之间的情谊。当你告诉他，他对你是多么重要的时候，他八成不会明说，但肯定非常感动。但是，你要找对时机和方法。俗话说，“做事要看时机。”在这个问题上，有人已经做过了研究——男子汉应该在什么时机什么地点向另一个男子汉表达真挚友情，同时又不失阳刚风范。

你有什么看法？在以下场合里，你觉得你的死党喜欢在哪里听到你诉说友情？请在旁边打钩。

__________在某个公开场合

__________在某个私密的、没人会听见的地方

__________看体育赛事的时候

__________一起看电视的时候

__________在婚礼或葬礼上

__________在街上溜达的时候

__________在健身房的浴室里

展现更多磁力！

先生们，如果你们想对哥们表达友情，同时又不失大男人的风范，就请这样做：挑选一个公开场合，像婚礼、葬礼、毕业典礼这种“感情充沛”的场合最好。把你的深厚友情充分表达出来，没关系的——持续3秒钟，然后恢复如常。你会增进你们之间的友情，而且依然保持硬汉形象。

好，答案要揭晓了。要是你以后继续想跟哥们一块追女生的话，“健身房的浴室”绝对要排除掉。男人们认为，对哥们表达深挚友情，最恰当的地方就是公共场合。[42]研究者们认为，原因是这样的：爱侣

之间更适合在私下里表露情感，而不是在公开场合。因此，虽然答案有点违背直觉，但两个大男人在公开场合拥抱一下，人们反倒不会觉得有什么暧昧。

有项名为“男人间的拥抱：在男性群体疗法中打破身体接触的禁忌”的研究指出，最佳的场合是婚礼、葬礼、毕业典礼这种“感情充沛”的场合。[43] 在这些场合，那种一辈子没想过要对铁哥们说点“肉麻”话的硬汉，也会真情流露。在这些场合，哭一哭是正常的。（嗯，在女人们哭成泪人的时候，你可以落下那么一两滴男儿泪。）

合同条款 23：哥们，我非常在乎你 ♂

我会选择合适的时间、地点和方式（在接下来的两周内），告诉我的死党，他在我心中是多么重要。

男士专用＿＿＿＿＿＿＿＿＿＿＿＿＿＿＿＿

攻心计 5

投其所好

下回你去看体育比赛的时候，看看观战的人群——到处都是男人，一车一车的。

两个男人去看棒球赛的时候，他们的眼睛几个小时都盯在赛场上，除了“宰了那裁判”，或是“我要一瓶可乐、一个热狗，多少钱？六块五？”这类的话，他们什么也不会说。可他们之间沟通的深刻程度，丝毫不亚于两个喁喁细诉心语的女人。

他们正处于相同的波段——就像是驾驭着冲浪板冲上同一个浪头，或是两双手同时拽住被拉弯的钓竿，把大鱼从海里拉上来。这就是男人之间亲密沟通的方式。有次我看了一部电影，六个高空跳伞运动员在空中手拉着手——要不是在三千多米的高空自由落体跳下来，他们才不会这么干呢。那种情景下，他们的灵魂仿佛融合成了一体，一同迈进天国的大门。（很有可能！）男人间的关系就是这样。

男士们请注意，以下这个条款会帮你增进与哥们的友情，而且方式很阳刚。女士们，别有受冷落的感觉。你们也可以用这个方法去巩固与蓝颜知己之间的友情，甚至去接近心目中的白马王子。无论动机是什么，它都能帮你巩固跟男孩子之间的情谊。

首先，把你想“套近乎”的男生名字写下来。然后，在底下列出他最喜欢的几项活动。钓鱼？空手道？回力球？徒步旅行？潜水？漂流？掷刀游戏？

男性朋友的名字：______________________________

他最喜欢的活动：

1.______________________________

2.______________________________

3.______________________________

4.______________________________

5.______________________________

现在仔细看看这个清单，看看哪项是你干过的，或是你在哪一项上能精彩地吹吹牛，让这位朋友的狂热同好们哀叹，“这家伙怎么懂这么多？”

好了，最火爆的来了——要是女生为了某个男性朋友这么做了，那结果可非同小可。如果这两人之间有火花的话，搞不好会变成熊熊火焰哦。（女士们，上一次你打电话请某个男生看棒球赛是什么时候？）

曾有一次，这个方法十分奏效——不过完全出于偶然。我有个在出版社当编辑的朋友，名叫塔拉。她嫁给了那家出版社的老总马文，一个特别优秀的好男人。她遇见马文的时候，他在公司那种炙手可热的程度，堪比单身的比尔·盖茨在微软。出版社的女编辑们没有像微软公司里想当盖茨太太的女孩子们那么出格，在T恤前头写上“娶我吧，比尔”。可是，其他的女员工会厚脸皮地故意解开衬衫的第一个扣子，或是跟马文说话的时候，脚上挂着高跟鞋晃来荡去。可是，出版精英马文先生始终不为所动，严格地跟她们保持着工作关系。

有一年的感恩节，塔拉的弟弟过来看望她。她弟弟是个狂热的冰球迷，对她说尽了甜言蜜语，终于哄得塔拉同意跟他去看国家冰球联盟的一场重要赛事，可怜塔拉连冰球都没摸过啊！

可不幸的是，她弟弟忽然有个工作上的急事要回去。于是塔拉手握两张昂贵的球票（是全场最好的座位），不知如何是好。塔拉这辈子跟冰球只有一丝丝微弱的联系——她模模糊糊地想起来，好像在马文办公室里见过冰球运动员的照片。当时她没去多看，但她记得自己当时心里在嘀咕，这些人手里拿着滑稽的棍子，是在干吗啊。

她得体地给马文发了个电子邮件，把原委解释了一下，如果马文或哪位朋友想去看，就请收下球票吧。

点下发送键后，还不到一分钟，马文已经出现在她办公桌前来道谢了。先生们，想想吧，有场你梦寐以求的比赛，可球票卖完了，此时一位高挑的红发美女告诉你，她有两张票……你会带谁去看哪？

“塔拉，你愿意去看冰球吗？”他问道。

女士们，假设你鄙视那项运动，可你喜欢这个男人。你不觉得撒一丁点儿小谎也无伤大雅吗？

塔拉说：“我愿意！”

共同享受一项嗜好，这不但能增进男人之间的友谊，也能增进男女之间的感情。还没到一年，面对马文提出的另一个问题，塔拉也回答了“我愿意”。

他们结婚后才知道，马文很早就十分欣赏塔拉优秀的工作能力，更不用提她的美貌了（因为他太稳重了）。塔拉也一向敬佩马文的智慧和管理能力，更不用提他那健美的身型（因为她也太稳重了）。有时候，人和人之间，只差一个小小冰球的距离。

女士们，如果你只是想加深一下与某位男士的友情，不想让他有别的误解，那我要提醒你当心。当我把这个故事讲给一个女性朋友听的时候，她说马文八成会觉得塔拉在主动追他。我争辩说，我觉得他没往那儿想，因为男人总是会忽略很多东西的。

可是，我不想空口无凭地争论，所以做了一番小小的研究。我的朋友是对的。如果某个举动的含义模棱两可，可以理解成“对你有意思”，也可以理解为没有，那男性多半会选择前者。

有项研究叫作“男性和女性能看出‘友好’与‘对你有意思’之间的区别吗？”。研究者给大约 80 位男性和 80 位女性放了一段男女共处的影片，里面的感觉可以解读为纯粹的友好，也可以解读成这两人之间有好感。[44] 结果男人们从中看出的性意味比女人多得多。这很可能是一厢情愿的想法，所以请女士们谨慎行事吧。

合同条款 24：投其所好 ♀♂

如果我想增进和某位男士之间的感情，我会做些安排，一起去做他喜欢的事情。

攻心计 6

礼物的力量

你是松鼠型还是毛虫型？有些人像松鼠一样，什么都舍不得扔，全部要存起来。他们好像天生就不会扔东西。（不幸的是，我就属于这种人。）而有些人像毛虫，不断蜕皮，然后再换一张新的。这种人生活中的所有东西，就像牛奶盒子上印的保鲜期一样，都有个 30 天的保质期。（我的柏拉图室友菲尔就是这样的。）

有个行为几乎成了仪式：每周二和周四的晚上，我和菲尔一起把垃圾从三楼抬到楼下去。几个小时以后，我不可避免地睡不着了。我总是想着，那个东西扔了多可惜呀。然后我就蹑手蹑脚地走到菲尔的房门口，确信房里传来有节奏的沉睡呼吸声。之后，我就可以悄悄溜进黑夜，去解救被我扔掉的玩意了。

有一次，我俩折腾了一个小时，才把一个巨大无比的扶手椅挪到了街上。他筋疲力尽地回去睡觉了。可过了好久，我还在自己房间里摆弄家具。我把床、沙发、几张桌子挪了又挪，终于空出一块地方——刚好可以放下那张扔掉的椅子！

我冲到窗口。哟，还在那儿呢。唉，这下难办了。我应该硬着头皮去把菲尔叫起来，请他帮我再抬上来吗？不行，太丢脸了，而且他会没完没了地把这事挂在嘴上。下楼之后，发现常待在街角的那个乞丐还在那儿。这家伙自封为“流浪汉”，我跟他是老朋友了。我们之间有个协议。我经过的时候他不会伸帽子，尤其是我跟朋友一起经过的时候。作为回报，我会每周定期给他一点零钱。

这回，我有大生意要给他做。我问他，愿不愿意帮我搬个东西，赚上 10 美元？他乐极了——直到我把大椅子指给他看。瞧见他那副蔫耷耷的模样，我都想重新考虑考虑每周的捐赠问题了。不管怎么说，我们把椅子又抬了回去，菲尔第二天经过我房门口的时候瞧见了它。他表现得十分绅士，什么也没说。

菲尔一直建议我用这个方法清理破烂（他一直以来就是这么做的）：其实很简单，每天扔掉三样东西就行。我试了试。第一天，我扔掉了一个旧灯、一个录音机（我打算修它已经打算了三年之久）、一个耳环（两年前我弄丢了其中一个）。第二天，我扔掉了一条永不会去缝补的破床单、一本讲电脑操作的旧书，还有三只不成对的手套。

我坚持了一个星期，效果很不错。我开始有点喜欢清理废旧物品了。所以，当我看见菲尔的前任女友菲莉西亚送我的一大堆小礼物的时候，你能想象我的沮丧程度。她是个空中小姐，喜欢买各地的小东西送给我——她管那些叫小玩意儿。这些小玩意儿里什么都有：她从阿拉斯加给我买了一个象牙雕的烟嘴（我不抽烟），从荷兰给我买了巧克力（我不想要那些卡路里），从巴西买了咖啡杯（我喜欢杯子）。感谢菲莉西亚，我现在有了一箱子的小玩意，里头全是产自世界各地的烟灰缸、飞机上的小瓶酒、酒店房间里拿来的洋牌子的洗发水和护手霜，还有三个埃菲尔铁塔和一个比萨斜塔的小模型。垃圾，全是垃圾。这些我都要带着感恩的心情，三个三个地扔掉。

可我很纠结。我喜欢菲莉西亚的细心和体贴。她那些小玩意儿都是可爱的礼物，比那种明信片强得多——寄出的人用“隐形墨水”写着：“哈哈，看看现在我在哪儿？你没这个福气哟。”

她和菲尔分手的时候，我发自内心地难过。菲莉西亚和她的小玩意儿让我琢磨起赠礼这个行为。相比之下，我们的文化明显缺失了赠礼这种行为。

几乎在欧洲和亚洲的每一个国家里，做生意的双方都会互赠礼物。在每种文化中，送礼物的时间和方式都有不成文的规定。如果你要和外国人做生意，请务必研究研究这些细节。是应该在见面时就送出礼物呢，还是在会面结束的时候？是私下赠送呢，还是当着别人的面？要包装吗？应该一收到就打开看呢，还是回头再看？诸如此类的问题还有很多很多。关键不在于礼物贵重与否，而在于它是个礼物。

不要出门旅行时才给别人买礼物。平常也可以送。这显示出你对此人的尊重和敬爱之情。

顺便说一句，你要留心其他国家的赠礼禁忌。送烈酒给阿拉伯人，或是送菊花给德国人，这会引起误解。给中国人送一个钟表，或是给美国人送把刀子，就相当于在说“去死吧！”

合同条款 25：给朋友送些小礼物 ♀♂

我会经常准备些小礼物，送给同事、朋友，以及我想要结交的人。

攻心计 7

坚持自己的原则

我上高中的时候，一个名叫普丽西拉的女孩子是全校最受追捧的人。我现在写下她名字的时候，还会妒忌地眯缝起眼睛来。她是个特别以自我为中心的娇小姐，每个女孩子都想追随她左右。她们模仿她走路的姿态、说话的语气，还有穿衣打扮的风格。如果普丽西拉在星期一早晨穿了一件镶亮片的毛衣来上学，那到了星期二，教室里的一大堆亮片毛衣能把你闪晕。周五清晨，她脚上的休闲鞋前片上插的是一角硬币而不是一分（即 penny loafer。当年的美国年轻人流行把一分钱或一角钱的硬币插在鞋子前片上。——译者注），那到了上午 10 点钟，走廊里没有一双鞋上插的是一分钱，全都换上了一角硬币。

我们的午餐是自助餐，餐厅里摆好了桌子，大家可以随便坐。随便坐？没门儿！只有普丽西拉和她那帮酷跟班可以坐在靠窗的位置。每一天，普丽西拉开始排队的时候，几个小跟班就会去那张桌子上抢座位，巴望着待会儿能坐在她身边。

大家都喜欢她吗？那时候我以为是的。[45] 但这不是“喜欢”，而是一种爱、恨、嫉妒交织在一起的神秘情感，人们对所有的普丽西拉都是这种感觉。不仅是高中里受人追捧的大红人，独裁专横的老板、傲慢的富人、自负的大美女都会激发起这种情感。在我们还不能理解它、处理它的时候，这种情感就已经抬头了。比如说，在初中高中的校园里，当“酷”和“彪悍”在人生中占据了短暂但显要地位的时候。[46]

中午吃饭的时候，我总是和最好的朋友斯黛拉坐在一起，同桌的还有六七个要好的女生，就像是大学里姐妹会的初级版本。周五晚上，我们会到其中一个人家里聚会，大家买了吃的带过去，尽情地闲聊，直到听见恼火的老妈们在屋外狂按汽车喇叭，等着接我们回家。我们都聊些什么啊？什么都聊，但最喜欢的话题就是普丽西拉和她那帮“忠心耿耿”的跟班。

在校车上，谁坐哪个位子都是心照不宣的。普丽西拉总是坐在司机另一侧第二排靠窗的位子上。整个前三排都是给普丽西拉的跟班们预留的。若是有个“外人”坐到了第四排，大家甚至会认为此人品位有问题。那简直无异于厚着脸皮去面试——企图加入那个精英团。唯一进入普丽西拉小圈子的办法，就是普丽西拉或她的心腹密友看上了你。

展现更多磁力！

罗莎·帕克斯是英雄，圣女贞德是英雄，凯撒大帝是英雄。在一些小事情上，我们人人都有机会当英雄——第一个站出来，为朋友、爱人和大伙儿做些正确的事情。

有一天，风雨交加，普丽西拉没来上学。小圈子顿时没了主心骨，她们彼此间不怎么说话，也不太跟别人说话，就像在为谁哀悼似的。放学时雨下得特别大，校车比平常更挤了。有几个学生都挤着站在过道上了。我最后一个上了车，浑身湿淋淋的，疲惫不堪。车上只有一个座位空着：第二排，靠窗，司机的另一侧。那是普丽西拉的位子。跟班团里有个女孩子坐在空座边上，充满嫉妒地守护着它。她脸上有种洋洋得意的神情：她在一人之下众人之上呢——尽管普丽西拉根本就没坐在那儿！有那么一刹那，我心里充满了勇气。我先看看那个位子，然后看了看“卫兵”那张冷漠的脸，又看看校车最后几排的好朋友们。我好像听见斯黛拉悄悄地说，“去坐下，莉尔，去坐！”

我走向了车尾。直到今天，想起那一幕的时候，我仍然有点后悔。

回首美国的历史，我越发尊敬罗莎·帕克斯（Rosa Parks）。1955年12月1日，星期四，也是一个风雨交加的日子，这个勇敢的非裔美国女性拒绝把公车前排的座位让给一个白人男子。回头想想校车上的那一幕，我很想知道，如果我或另一个圈外的学生坐到了普丽西拉的位子上，而且拒绝让座，会有什么结果。我们这些书呆子会为了摧毁那个小圈子，而英勇地团结起来，拒绝坐车吗？我想不会。但我们肯定永远也不会忘记有胆量坐进去的那个孩子。

合同条款26：坚持自己的原则 ♀♂

如果我从心底认定某件事是对的，我就会坚定地去做。无论它是像种族问题这般重要，还是像打破一个高中生小圈子那样微不足道。为了我的朋友们，我要第一个挺身站起来（或是毅然坐下去）。是的，他们会因此更加喜欢我。但最重要的是，我会更喜欢我自己。（而这正是让每个人都喜欢我的第一步。）

攻心计 8

举手之劳，造就职场好人缘

去年，为了处理一个小小的财务问题，我回了趟老家。高中时期的好朋友中，有三个仍然住在那里。我们决定每人买点吃的，晚上聚一聚，就像多年前一样。

我到杂货店去买水果和芝士。结账时，排在我前头的是一个肥胖的女人，穿着一件廉价的、皱巴巴的棉质家居服。要是我的查理叔叔看见这种女人，准会说“冬天跟着她肯定不受冻，夏天跟着她肯定有荫凉”。她的手推车里装满了食品，还坐着两个吵嚷的孩子。每隔几分钟，她就随着缩短的结账队伍，步履蹒跚地往前挪两步。

她的一个儿子定是从收银台旁边的架子上抓了一盒糖，因为她突然抬起粗壮的手臂一挥，糖顿时从孩子手中飞出。我马上冲过去把糖捡起来，因为我知道她要去拣的话肯定很费劲。“这臭孩子，又要这把戏，”我把糖递过去的时候，她说，“谢谢。”

那声音！我从未忘记那声音。为了证实我的怀疑，我看了看她的脸。没错，虽然长出了双下巴，可那就是她。那是普丽西拉！那个曾经统治了我整个高中生涯的普丽西拉公主！如今，她的脸上正挂着一模一样的、稍带着刻薄味道的微笑。

我看着她，妒忌的心情不见了，同情和悲哀却油然而生。不是因为她暴肥的身材，也不是因为她不懂事的孩子。而是因为我们一心认定，当年的超级明星会一直走红下去，无论她以后做什么，肯定仍然是个大明星。普丽西拉那张倦怠的脸，还有那身皱巴巴的衣服告诉我，事情并非如此。

红眼睛的嫉妒妖怪无声无息地死掉了。

走出校园的普丽西拉

那天晚上同学聚会的时候，我把下午偶遇普丽西拉的事情跟大家说了一遍。其中有个叫吉娜的同学曾经在毕业后跟她进了同一家保险公司。我问她后来出了什么事，她眨眨眼，显然很久没想起过普丽西拉这个人了。

“咱们毕业以后，”吉娜说，“我猜大家都多多少少把她给忘了。她那个小圈子里大概有一半女生去念大学了。据我所知，她们彼此没什么联系。起码她没怎么提起过。”

“那普丽西拉在保险公司工作了多久？”我问她。

“我还真不太清楚，”吉娜接着说，“后来我们这些人都慢慢升了职，离开了原来的部门，或是换到了更好的岗位。可普丽西拉一直待在原来的职位。公司里没人喜欢她。”这时吉娜笑了起来，“她那一套小把戏，真实生活里没人买账。”

吉娜接下去说道，“后来她跟乔治谈恋爱了，就是那个在城里开汽修店的小子，药店隔壁的那一家。然后，我猜她大概怀孕了，因为他们结婚没多久，孩子就出生了。她辞掉了保险公司的工作，自那以后我就没听说她的消息了。你说她现在有两个孩子了？”

吉娜的口气颇为淡漠，远非当年我们低声议论“校园公主”时的那种敬畏。我忽然发现，我替普丽西拉感到一丝悲哀。

勿以善小而不为

谈话很快转移到别的更有趣的话题上了，我高兴地得知，吉娜如今是这家保险公司的资深业务代表。她把晋升归功于一段友谊——她在公司跟一位名叫帕梅拉的女士成了朋友。吉娜把帕梅拉称作“师傅”。

我求吉娜多讲讲她的故事。她说：“在公司吃午饭的时候，我经常冲她点头笑笑。因为她有点像我妈妈。有一天，餐厅里没位子了，她走过来问能不能跟我一起坐。我们聊得很开心，后来每天中午都一起吃饭。

“一开始我根本不知道，”吉娜继续往下讲，“可没过多久我发现，帕梅拉的老公是公司里的大人物，是人事部的总经理。她跟我熟了以后，就跟我讲了很多公司里的内幕消息。

“比如，”吉娜继续说，“公司里有个规矩，如果你给别人帮了个忙，比如人家不在的时候帮忙接电话，或是留下来加班帮别人写完报告什么的，那个同事就会在公司印的蓝色小卡片上写下感谢你的理由。那卡片上预先印好了一句话，‘谢谢，你让我今天好开心！’

“这个制度很棒，因为这让大家意识到，哪怕你只是给别人帮了个最不起眼的小忙，人家一样会真心感激你。比如某个同事赶时间，你让他插到你前面去打饭，或者是把小说借给想看的人。

“总之，每天下班的时候，我们要把这些小卡片放到一个‘开心收集箱’里面，我原以为这只是为了环保。

“可帕梅拉后来告诉我，公司极其重视这些卡片。人事部每周会统计一次卡片上的人名，记到各人的档案里去。”吉娜随后骄傲地补充了一句，她师傅的档案中，总共有 120 张这样的卡片。

然后吉娜问我，“莉尔，你不是问我普丽西拉的情况吗？她离职以后，帕梅拉清点了她的档案，私底下悄悄地告诉我，普丽西拉连一张卡片都没有。这大概就是她从未升职的原因吧。”

假设你正在积极地谋求晋升。（当然是这样，在旁人眼里，谁不是啊！）每当你给别人帮了个小忙，无论它是多么微不足道，一张写着“你让我今天好开心“的卡片就放进了你的档案。你攒下的越多，人们就越喜欢你。这不就是咱们讨论的主题吗？

每种工作都有各自的特点，因此每份清单都会不一样。请你写下你能为同事们做的10件贴心事，每件事都能为你赢得一张小卡片。

“谢谢你！你让我今天好开心，因为……”

1.______________________________

2.______________________________

3.______________________________

4.______________________________

5.______________________________

6.______________________________

7.______________________________

8.______________________________

9.______________________________

10.______________________________

合同条款 27：谢谢你，你让我今天好开心 ♀♂

工作中我会主动留心，努力为同事们做些上述的贴心事。

____

攻心计 9

打破圈子和派系，接纳不合群的人

普丽西拉公主在我们学校算不算大红人？绝对算得上。那大家是不是真心喜欢她呢？绝对不是，绝大多数学生肯定不喜欢她。当年我有点感觉，可那时我太小了、太过纯真，或者只不过是太傻，对自己都不敢承认。几十年后，当我开始与企业合作，研究领袖魅力和权威的组成元素的时候，我意识到，我应该相信自己的直觉。赢得人们的真心喜爱和诸多学校中流行的、普丽西拉式的受人追捧，完全不是一码事。

直到新世纪初始，研究者们才开始研究受人追捧和小派系的现象。或许部分原因是因为高中校园里暴力事件和悲剧频发。而造成这些事件的原因是社交排挤和不可原谅的校园等级秩序。

很多青少年经常在网上抱怨自己受到不平等的排挤，那些潮人和红人不肯接纳他们。我曾经读到过充满痛苦的留言，比如:“那些受追捧的学生应该学习去接受别人。为什么他们要排挤跟他们不一样的人呢？”“那些小圈子的事儿，我都无从说起。所有那些红人们都当我是异类，是傻瓜……跟别人不一样，这实在太痛苦了。”[47]

展现更多磁力!

打破那些老套的追捧排挤和社交潜规则吧。那些规矩既过时又粗暴，应该宣布它们不合法。我们可以立法去制止某种程度上的种族歧视。可是，在社交方面的歧视是如此广泛，以至于人们只是闭上眼睛，装作它不存在。可惜，它是存在的。

读到这样的留言，我想起了自己当年受人排挤的痛苦场景。那些年里，我以为同学就是整个世界。而那些酷帅有型的圈子是否接纳我，就预示着我今后在真实世界中是否能被人接纳。在那些人中，哪怕只有一个人热情地对待过我，哪怕只有一个人在上学的路上跟我闲聊几句，哪怕只是坐校车时邀请我坐在她身旁，或是吃午餐时坐到我们旁边，那我也不会如此强烈地觉得自己是个圈外人。

青少年突然变成残暴的凶手，是因为他们觉得自己注定是个失败者吗？是因为学校里的运动明星和啦啦队长不肯接纳他们吗？这痛苦如此深重，竟害得他们只能诉诸暴力吗？估计还需要一段很长的时间，我们才能回答这样的问题。但重要的是，已经有重要的人开始提出这些重要的问题了。

你和我，我们每一个人现在就应当行动起来，做些重要的事情，响应这些呼吁。无论是青少年、成年人，还是老年人，我们可以打破圈子和派系，打破等级制度，拒绝势利的社交规则。那些生活在底层的人们甚至会感觉到，除非诉诸惊世骇俗的暴力，否则就无法冲破这些规则。但是，如果你身在顶层，比如你是个啦啦队长、运动明星、商业巨子、上层社会的一员、社会名流，抑或在自己的朋友圈里有很大号召力，那么你就可以打破这个生活中无处不在的派系规则。

看看你的生活圈子，公司和左邻右舍。有些人会特别珍视你的友谊，难道你没发觉吗？别人认为这些人不合时宜、蠢笨、怪异。他们跟你其他的朋友有点不太一样，而你的友情会照亮他们的人生。每个人的身边肯定都有这样的人。

而且，你怎么知道他们的未来呢？那个呆头呆脑、一头乱发的男孩子整天把鼻子贴在电脑屏幕上。那个大鼻子女孩留着清汤挂面的金色长发，总是走来走去自吟自唱。那个胖乎乎的少女总是对每个人都品评一番，说出来的话尖酸却深刻。当年你若跟这些孩子成了朋友，如今你的朋友名单里就会出现比尔·盖茨、芭芭拉·史翠珊或罗丝安娜。这不是很好的事吗？

你知道吗？这些“书呆子”会让你的人生变得更加充实有趣。你或许不会跟他们坠入爱河，但你要记得，故事里是怎么讲的？在那个青蛙的身体里面，囚禁着一个英俊的王子或漂亮的公主，等着你用吻来解救呢。

合同条款 28：友好地对待“书呆子” ♀♂

我会睁开眼睛，寻找那些不如我酷（或者不被我的朋友们接受）的人。然后我要主动去接触他们，真诚地跟他们交朋友，把我的高人气分给他们一些。

攻心计 10

靠近“另类”

现在咱们来说说另一种人，他们也是少数派，而且非常孤独。我们要谈的是那些俊男靓女，那些“满分选手”。

“唷，多可怜的人呀！”我能听见讥讽的声音。

在工作中，我曾有幸（或是不幸，看你从哪方面看了）与这些大美女和大帅哥共事。就在不算久远的过去，空服人员的招收标准还有严格的身高、体重和年龄的要求（也就是年轻貌美）。泛美航空招了一些像我这样的普通女孩子，作为没有歧视的象征，但显然招聘官更喜欢那些高挑又性感的北欧美女。

我跟一个来自斯德哥尔摩的尤拉成了好朋友，她美得令人窒息。我们经常一起飞，我看见很多男乘客见她从走道上过来的时候，手里的咖啡杯掉在了地上；我还看见尤拉询问乘客是要咖啡还是茶的时候，那些 CEO 模样的成熟男子结结巴巴地说不出话。（她并没问“您要咖啡，还是要茶，还是要我？”但你肯定知道，他们脑子里都想些啥。）

人们都觉得尤拉有大把大把的约会，是吧？我就是这么想的，直到她告诉我真相。因为她长得实在太漂亮了，所以男孩子们都不敢来约她。没有哪个男人想遭到拒绝，为了避免这种羞辱，极少有人能鼓起勇气约她出去。

尤拉并不是特例。几年后，当我管理模特公司的时候，我不断地听到同样的事情。最漂亮的女生往往最孤单，因为没有人敢去接近她。

大自然对我们开了一个荒谬的玩笑。我们越是被某人吸引，面对此人的时候，我们就越容易紧张，就好像俗话所说：十五个吊桶，七上八下。有一项研究证明了这个不幸的事实，研究的名字叫作“性别二分体间羞涩程度与外貌水平间的关系”（所谓性别二分体，就是男人和女人的花哨叫法而已啦）。[48] 魅力领域的研究者和自封的专家们无情地给一群彼此不认识的人按外貌打了分。男性从“超级有型”，一直排到……嗯，要是你去字典里查“丑”这个字，就能找到他们的照片。同样，女性也是，从漂亮得大跌眼镜，一直排到“长相尴尬”。

然后，研究者们介绍男女之间认识，同时记录下他们的心跳、手掌出汗的程度、呼吸频率——换句话说，就是数数有几个小桶。结果怎样？对方越是漂亮，结对的异性就越是紧张慌乱。

展现更多磁力！

研究证明，特别漂亮的人其实是相当孤独的，因为没有人自认为配得上他们。所以，冒个险吧。如果你喜欢上了某个出众的人，让他或她知道你的心意。机会比你想的大得多。就算没有结果，起码你跟长相普通的人说话时，心里就不会再紧张了！

反之亦然。试验对象见到没那么漂亮的异性时，就表现得镇定、平静。小吊桶连动都不动。谁说人生是公平的？

如何消除紧张情绪？

不幸的是，你没法不让这些小吊桶活动。然而，了解一些知识后，面对相貌出众的朋友或爱人时，你会更有底气一些。研究证明，起主要作用的并不是我们的魅力指数真正有多少，而是我们自认为自己有多大魅力。在一项研究中，99 位试验对象被告知，他们按照魅力高低被打了分。[49] 然后研究者们把完全错误的信息告诉他们。他们告诉某些不算漂亮的人，他们得到了非常高的分数。反之亦然。（你自认为很漂亮，可人家却告诉你，你不入流，这该多伤自尊啊！可是，轮不到我讨论科研的伦理道德问题。）

然后，在一个看似无关的实验中，研究者请每个人选择一个搭档，完成一个任务。结果，基本上每个人选择的搭档的漂亮程度都和他们被告知的魅力分数相当，而不是和他们真正的漂亮程度相匹配。事实上，那个魅力分数是影响选择的主要原因，尤其是在选择异性搭档的时候。就算在这个小小的实验世界中，那句“我们认为外界是怎么看我们的，我们就会变成那种人”的格言也是对的。

尤其是在约会中，如果某个男士或女士认为自己的魅力指数只有 5 分，那他或她就不大敢向 10 分的人提出请求。男人害怕遭拒时，典型的想法是这样的：“哦，老天啊，她太漂亮了。我敢打赌，每个小伙子都想跟她搭讪。我去约她的话，她肯定以为又来了个傻蛋。”女性也会踌躇，一般也不敢跟特别英俊的男士约会，因为她们觉得，他肯定是个花花公子。

研究显示，人们通常会跟魅力指数跟自己差不多的人走到一起。这可能是因为，绝大多数人都不敢去接近超级帅哥和超级美女。尤拉亲口告诉了我，可研究的结果才让我确信，外貌出众的人往往是相当孤独的。

合同条款 29：我会主动跟漂亮的人说话 ♀♂

我会主动争取！我绝不再认为，自己不够资格跟最漂亮的人交朋友或谈恋爱。我会有意结交他们。

攻心计 11

结识能改变你人生观的朋友

有些朋友会彻底改变你对人生的看法，让你从此对某些人和某些事的看法完全不同。我非常幸运，有两个这样的朋友。不幸的是，惨烈的事故给他们二人造成了重大的残障。

搬到纽约后没多久，我去听了一场音乐会，碰巧坐在一位可爱姑娘的旁边。她名叫莱斯莉，也是一个人来的。我们聊了起来，很快就发现彼此特别投缘。那天的乐队并不算太好，我们开玩笑说，干脆我俩搭伴组个团得了。“组团”是说着玩的，可我俩都刚到纽约不久，没有多少朋友，所以“搭伴”的确是真心诚意的。

音乐会结束了，可我俩还没聊够。人都走光了，只剩我俩还坐在那儿。我请她下周到我家去玩，无意中开了句玩笑，说她最好先锻炼两天，因为我家住在三楼，没电梯。她笑了，说她刚好知道旁边有个咖啡店，建议我们在那儿碰头。

我起身拿起大衣，这时我才发现莱斯莉没有站起来。相反，她正灵巧地从剧院的椅子挪到一旁过道摆着的轮椅上。我刚才一直都没看见，竟然还说出什么爬楼梯的话，简直囧死了。不过很显然，她并不以为忤。

接下来的那个周六，我早早到了约好的地点。莱斯莉准时坐着轮椅出现了。整个早餐时间，我们都开心地笑着，聊着。结账的时候，她一只手伸进包里，说道：“哦，我请客。”

“不行，不行。”我一边说，一边伸手到桌子那头，拦住她的另一只胳膊。她的手臂摸上去竟然像橡胶！她肯定注意到了我瞠目结舌的样子，因为她只是笑笑，然后说道：“别怕，莉尔，这下我假的地方都被你发现啦。”

她平静地向我讲述了事情的经过。一场事故夺走了她的右臂，也让她的右腿致残。当时，她的男友有架塞斯纳 150 小型飞机，两人正准备趁星期天兜兜风。他发动引擎的时候，她想起手袋落在飞机前面的小候机楼里了。于是她从飞机里下来，朝候机楼跑去。就在那个错误的时间，螺旋桨发动起来，削掉了莱斯莉的前臂。她被掀翻在地，结果螺旋桨再次打过来，切断了腿上的全部神经。

惨痛的事故在莱斯莉的身上留下了伤痕，在她心理又留下了什么呢？一个漂亮姑娘该如何适应“瘸子”的生活？某些不顾及他人感受的人会用这个可怕的词语的。我没敢多问，她也没再多讲，没说事故对她有什么影响。她得体地转换了话题，说下周很高兴去我住的阁楼里参观——如果我能帮她上楼的话。

一段长达数年的友谊就这样开始了。莱斯莉真的实现了当歌手的梦想，起码她当上了兼职歌手。那些年里，我们一起参加了无数场音乐会，看了无数的电影和戏剧，一同去社交场合。每次她到一个新酒吧演出，我都去参加她的首演。每一次，我都能通过她的眼睛看世界。

那时候，美国残障人士法案还没通过。我们必须要在去之前，给每一家剧院和餐馆打电话，询问轮椅是否能够出入。我们得给每一家俱乐部打电话，询问女洗手间是不是跟俱乐部在同一层。我们要看过每一个洗手池，看它是否够低，能让莱斯莉洗手；还要看镜子是否够低，能让她上台前检查妆容——否则她只能看见自己的头顶。从轮椅

上看世界，你的视角会很不一样。

如果莱斯莉只能有一个愿望，那她肯定希望能变成正常人。有次她脱口而出，即使跟世上地位最卑微的健全女子交换人生，她也愿意。她的标志性曲目总是把听众感动得热泪盈眶。那是一首卡萝尔·金所写、被艾瑞莎·弗兰克林唱红的老歌："因为你让我感觉到，你让我感觉到，你让我感觉到我是个自自然然的女人。"

莱斯莉让我懂得，残障人士不愿意受到不自然的对待。他们跟别人一样，喜欢跟陌生人闲聊几句。她说，不要认为我们是残障，或是残疾。我们首先是人，然后才是残障。"这个想法改过来之后，"她说，"就连你的用词也会改变的。你会说'这个人有残疾'，而不是'残疾人'。你会说'视力受损'，而不是'盲人'；是'听觉障碍'，而不是'聋子'。你会说某人'坐在轮椅上'，而不是'坐轮椅的'。"

有次我问她，人们应不应该装作看不见残障之处？

"不要，这是明摆着的，"她说，"但是，让我们先说。当我们感觉舒适自在的时候，我们会说的。"

展现更多磁力！

身体残障的朋友会为你开启一个全新的世界。他们很可能会成为你最精彩的朋友，因为他或她在心灵的历程上，不得不比绝大多数人探索得更远。你的世界观将永远改变。你将会经历一些之前从不曾设想过的情感。

莱斯莉说，她很鄙视的一个问题是，"你怎么了？你是天生就……”但她说，如果你换个方式问，我们会很乐意告诉你。你只需这样问就行了：你的残障是怎么来的？是不是天生就带有残障？这种说法表明，残障只是我们有的一种东西，而不是我们本人有什么毛病。

莱斯莉给了我此生得到过的最美评价——不幸的是，我知道自己配不上那句称赞。有天晚上，在她唱歌的一个小俱乐部里，唱完她的标志性曲目后，她望向我，对着话筒说道，“我想把这首歌献给我的朋友莉尔。因为她让我感觉到，我是个自自然然的女人。”

在我们共度的那些年里，我基本上没瞒过莱斯莉什么事。可是，我从未告诉她，多年前我们初遇的那一天，要是我知道她坐着轮椅，而且只有一只手臂，那我多半不会那么自然地跟她聊天，跟她开玩笑。我会像大多数人一样，看见残障人士的时候呆呆地说不出话来。这段美好的友情也就无从谈起了。

莱斯莉的故事有个幸福的结局。她与一位演出时给她弹钢琴伴奏的男士相爱了。他们结了婚，搬到了圣托马斯岛。在那儿，莱斯莉和她先生是最受欢迎的俱乐部歌手。

跟莱斯莉的友情让我走入了另一段模糊的情感。当时我在一家录音棚里录制有声书，理查德是那儿的工程师。前台接待把我带进录音室的小间里，他的声音从耳机中传来，跟我打招呼，问我是否准备好了。

跟往常一样，录音的时候我出了几个错，他温和地引导着我，帮我顺利地往下进行。我喜欢他的声音，透过录音室的双层玻璃，我看不太清楚他的脸，但我能看到他脸上有疤痕。他的剪影勾起了我的好奇心。这个人留着过肩的长发，远远看过去，他简直像——别笑话我啊——像浪漫爱情小说封皮上的男主角。

录完之后，我出去见他。他脸上的伤疤不止一两处——面孔上满是疤痕，变形得很厉害。显然他已经做了多次整形手术，力争塑造出一张全新的面容——那张旧的面孔好像被严重烧伤了。

我们闲聊了一会。我问他录音工作完成后，是不是要往我住的酒店那个方向走。的确是的。在回去的路上，我提议去路边的一家餐厅吃点东西。听到我的邀请，他好像很惊讶，犹豫地答应了。

晚餐当中，他尽力装作不经意地问起，为什么他的脸没吓着我。我老老实实地告诉他，那一点也不吓人。事实上，我觉得他的眼睛出奇地美。

后来，我说起了一个我特别崇拜的人，那个男人的烧伤比他厉害得多，而且还坐在轮椅上。他充满敬畏地问我，“你认识 W. 米切尔？”我说是，我有幸在一个全国演讲家协会的会议上遇见他好几次。一场严重的摩托车事故夺去了 W. 米切尔的面容和手指，差点要了他的命。后来，他的私人飞机遭遇了紧急迫降，他的双腿残疾了，坐上了轮椅。如今的 W. 米切尔灵活地驾驭着轮椅，走遍世界各地，为人们做励志演讲。正如他一本书的标题所说，“重要的不是发生了什么事，而是看你如何面对”。[50]

W. 米切尔是理查德的偶像。尽管我和米切尔只有几面之缘，但对理查德来说已经足够了。情感的闸门一打开，他变得健谈起来。我认识 W. 米切尔，这个事实仿佛是一纸保证，让他把心底隐藏的话尽情地倾诉出来。他很可能从未对人提起过这些事情。他告诉我，年仅三岁时，他和妈妈遭遇了车祸，母亲罹难，他的身体 90% 烧伤。他告诉我一些痛苦的童年往事：他渐渐地意识到一个可怕的事实——他跟别人长得不一样。他告诉我，他是怎么知道人们害怕“怪物”的，以及人们是如何冲着他指指点点、瞪着瞧他。他把很多痛苦经历详细地讲给我听——他父亲在杂货店里跟人打架，因为那个男人对他的孩子偷偷说“旁边有个怪物”；他的哥哥不愿意跟他一道上学，怕被人看见；

他这辈子的约会屈指可数，他知道那些女孩子也只是可怜他而已。

我尽力想说服理查德，他很特别，许许多多女人，也包括我自己，会认为他非常有魅力。可理查德的痛苦太深重，经历太辛酸，除了隔着录音室的双层玻璃，他无法与任何女人发展感情。或许，如果他有一天能听到 W. 米切尔讲述自己的故事，“永远打不倒的男人”[51]，他或许能迈出这一步。

或许他也会想起我的描述：在全国演讲家协会的会场里，那些推 W. 米切尔轮椅的女子，是多么美丽曼妙啊。

合同条款 30：我的残障朋友 ♀♂

如果我认识的人中有人是残障人士，我会跟他或她更加亲近。同时，我也会主动与其他残障人士交朋友。

攻心计 12

尽情发挥你的优势

在囚禁我 4 个月之久的黑暗地牢神秘消失之后，我回顾了过往的种种，想清楚了这个道理：要是没有两位亲爱的朋友乔治和菲尔，我肯定没法活到今天。在那一刻，我下定决心，要结识更多的人，各种各样的人。

菲尔和我决定，每两个月举办一次“新朋友派对”。我们会邀请十几个朋友参加，请他们每人带一个客人来，越不寻常越好（尽管我们没这么明说）。

第一次举行的时候，单是“多样化”这个词，是绝不足以描述派对的盛况的。七十多岁的退休商业巨子在跟一个顶着橘红色鸡冠头的孩子聊天——没有人对此感到惊异。大家的话题无所不包，从股票市场到跳蚤市场，从摇滚乐到背景乐，从慢跑到伐木。

人们总是问我，“派对上最奇怪的人是谁呀？”这问题很难回答，但“鼻子尼克”八成能获此殊荣。如果你以后听到有人批评保险销售员都没创意，你可以用这个事实反击：但凡是你能想象到的保险，都有人做。房子、车子、医疗，这些压根不算什么。保险公司为医生和律师提供“失职”险；为公司提供“谣言”险。精明的保险公司发掘出某些人极为重视的某些特质，然后制订出昂贵的保险条款，好让那些日夜忧虑的人们能睡个好觉。

比如，那些害怕跟别人握手会损伤手指的外科医生们，会购买双手的保险。贝蒂·格拉布尔开创了女演员为双腿购买保险的先河。我有个当演员的朋友帕姆，有次带了同行尼古拉斯（尼克是昵称）来参加我们的聚会，这位演员给自己的鼻子买了价值两百万美元的保险。

为什么要给鼻子买保险？因为这个特殊的演员是靠鼻子谋生的。他可以根据你的要求，随时随地打出大中小型的喷嚏来。就算他不是世上唯一有这个本事的，能这么干的人肯定也是少数。他的客户可以选择象征着普通感冒的吸吸溜溜的鼻音，也可以选择象征着感冒初期的干脆利落的喷嚏。事实上，有个生产感冒药的公司还想跟他签个排他性的合同，专门把他收至麾下。但是，就像我的朋友爱说的那句话，“鼻子最有数。”他拒绝了那个邀约，谁出价最高，他就替谁按要求打喷嚏。

“鼻子尼克”的鼻子绝技不仅于此。他的鼻头好像长着关节似的，可以随心所欲地上下左右动弹。他可以把鼻孔撑得大大的，做出一副猪脸；也可以把鼻孔紧紧挤在一起，好像他自打娘胎出来就戴着一副银夹鼻眼镜似的。

开派对那天晚上，天气特别冷。帕姆带着尼克一起来了，他用一条开司米羊毛围巾包住了下半张脸，把他那唯一的挣钱机器围在里头。我伸出手去，欢迎他来参加聚会。可他没跟我握手，而是礼貌地微微鞠了个躬，然后落座。帕姆看见我十分迷惑，解释说，尼克怕传染了感冒，从来不跟人握手，他总是很小心地保护着鼻子。

我问尼克拍过哪些电影和广告，他立马列出了一串著名的感冒药厂家的名字。他说，这些不过是打喷嚏、抽鼻子、吸溜吸溜而已。（他好像很清楚其中的区别。）他还拍过别的广告，比如鼻滴剂、鼻毛剪刀，还有一个游泳的时候用的鼻夹，任何大小的鼻子都能用。他告诉大家，他的最爱是一家全国性报纸的电视广告。画外音问道，“你有灵敏的新闻嗅觉吗？”然后尼克的鼻头从左到右翕动着，好像在读报纸似的。

展现更多磁力！

婴儿潮这一代人小时候坐在教室里看电影，学习如何融入群体，如何跟大多数人一样。如今，我们尊敬的是那些敢于特立独行的人气磁石。人气磁石知道自己的长处在什么地方，并且把它们充分发挥出来，赢得我们的心。就像尼克的鼻子一样，你身上也会有某种特质，能够让你脱颖而出。

此时，这位戴着面罩的故事大王周围已经聚拢了不少人。之后，他慢慢地露出了脸上的宝贝，说他终于进军香水行业啦。他好像很喜欢上周拍摄的那支电视广告。广告一开头，就是个鼻子大特写——一个女人丰满的胸部从白色丝质睡袍中绽放出来，尼克的鼻子零距离地贴在双峰上。画外音响起，“可别随便用香水哟，”尼克的鼻尖蔫蔫地低垂了下去，画外音继续说道“用XXX香水来挑逗他吧……”，说出了产品的名字。此时，尼克的鼻尖雄伟地高高耸起。镜头拉回来，光艳照人的美女对着镜头眨眨眼睛，一位英俊美男用强壮的双臂环抱着她，把脸埋进她怀里。

可是，最后出现的英俊男子不是尼克。制片方找了一个鼻子和尼克长得很像的帅哥，而尼克对此好像一点儿也不介意。

你瞧，尼克并不觉得自己是那个帅哥演员的“鼻子替身”。相反，他觉得那个演员是他的替身呢。

然后，尼克自告奋勇地给我们展示他那著名的鼻子，带我们参观鼻孔、鼻梁和人中。我想让他来个著名的喷嚏听听，可又觉得这要求有点过分。毕竟，要是你在派对上遇见了歌后玛丽亚·卡拉斯，你不会让人家给你来段咏叹调吧；遇见舞王格雷戈里·海因斯，你不会请人家来一小段踢踏舞吧。

可是“鼻子尼克”必定嗅出了我的想法，因为就在那时，他深深地吸了一口气（有三秒之久），然后爆发出雷鸣般的喷嚏声，我家的窗玻璃都快震碎了。聚会上的每个人都目瞪口呆。那声音就像一辆巨型的货运火车刚穿过房间似的。从那以后，我再也不敢认为区区人类感冒或打喷嚏时发出的声音不起眼了。事实上，尼克真的给鼻子投了个两百万美元的“无用险”——在他的条款中，无用二字指的是，他的鼻子再也不能“表演”了。

合同条款 31：敢于与众不同 ♀♂

我会积极地寻找自身的独特之处，好好培养它。

____

攻心计 13

敞开心怀，拥抱多元文化

美国在第二次世界大战结束不久出生的一代人叫“婴儿潮”一代。在这一代人出生的时候，谁也不会预料到他们会有一大堆故事可讲。这一代人的人生会比哥哥姐姐们丰富得多。他们会见识到很多好事——迟到很久的好事。他们会经历民权运动和妇女解放运动。他们也会经历一些好坏参半的事情。他们会把这些事叫作学生运动和性爱革命。其中有一两个人，还会登上月球，当然了，他们把这事叫作“人类的一大步”。

婴儿潮的一代共同经历的这些事情，会让他们彼此拥有一种奇妙的友谊和情感。但是，在我看来，他们迈出的最大步伐，不是阿姆斯特朗登上了月球，而是他们开始懂得不可思议的多样性。

或许接纳多样性，才是人类有史以来迈出的最大一步。

猜猜谁来吃晚餐?

直到 20 世纪 50 年代早期，“猜猜谁来吃晚餐”这种问题会把爸妈吓得心里咚咚跳。许多婴儿潮一代在家里首开先河，率先把不同肤色的朋友领回了家。

可现在婴儿潮一代的人也已为人父母，不少人期待着自己青春期的孩子来玩这套“猜猜谁来”的小把戏。他们知道，无论是谁光临，多半都能拓宽他们的眼界。他们自己的朋友中——有些已是三十多年的老友——不少人来自文化各异的群体。

有时候我们会困惑，不去倾听内心的声音，反而顺从了冷酷的想法。我是在婴儿潮首期诞生的，那时候的世界和今天完全不一样。记载在近代史里的“公民权利”，那时还没有普及。

高中时候，我们班上有六个非裔的女生。其中一个名叫蕾西，住在百慕大的家人把她送到美国来念书。蕾西的储物柜紧挨着我的，每天我俩趁着塞东西和拿东西的时候，都会说个不停。我在百慕大度过了好几个夏天——我妈妈是个语言病理医师，在那边辅导一个百慕大议员的小女儿。蕾西和我一谈起百慕大，就特别想家，而我也很想念那儿。有时候，我们聊着对百慕大的思念之情，几乎都快哭了出来，之后再相拥着安慰彼此，破涕为笑。

有一天午饭前，我们在储物柜那边闲聊，我发现蕾西认识那个议员。她说，最近百慕大的议会里发生了激烈的争论，因为某些议员认为“黑人不应该在商业街里当店员”。

“为什么不应该？”我天真地问她。

“他们觉得这样的话，游客就不愿进店里来了。”

真奇怪，我当时想。我俩笑了一阵子，我也没多想。

那时候我更感兴趣的是，蕾西告诉我好多百慕大当地人的约会地点。她把地名一一讲给我听。我们一路嘀咕着这些私房话，往餐厅走去。我想把她说的一些热门地点的名字记下来，所以我请蕾西过来，到我们这群女生常坐的桌子上一起吃饭。

她微笑起来，礼貌地拒绝了我，说道：“我不过去了，但是如果你想到我们这儿来坐的话，随时欢迎。”我什么也没多想，就跟蕾西过

去坐下，身旁还有好几个她的黑皮肤同乡。我们热火朝天地聊起了卖鸡尾酒的小酒馆、拜莉冷饮店、白马客栈，还有好多我从来没听说过的地方。

展现更多磁力！

人气磁石知道那种感觉有多孤独——你跟身边的大多数人不一样，你来自不同的国度，或是拥有不同的肤色。无论你住在哪里，“黑人的经历”“白人的经历”“亚洲人的经历”“西班牙人的经历”，还有“你的母语是我的第二语言”，这些都是很不相同的。幸运的是，如果你跟某个口音很重的人交朋友，在当今世界里没有人会窃窃私语。人们只会崇敬你，因为在大多数人都只是说说的时候（悲哀啊），你敢于亲自去做。

正当我飞快地记下地名的时候，我的一个好友走了过来，对我耳语了几句。我惊呆了。好朋友说的是，“莉尔，餐厅里每个人都在看着你，你不该坐在这儿。”我因坐在了“黑鬼桌上”而挨了批，百慕大的朋友们假装没听见这些，彼此之间聊了起来。我悄悄对好友说：“为什么？”

她只是瞪了我一眼，说道：“莉尔，你心里明白。”然后走回我们的桌子。我终于明白过来。我向百慕大的朋友们笑笑，力图拾起刚才断掉的话头。可我知道气氛已经变了，谈话变得勉强起来。

现在想想，还有件事令我羞愧——以后我再也没跟蕾西和她的朋友们同桌吃过午饭。蕾西和我仍然在储物柜前聊得开心，可仅此而已。

可是，就在几星期后，一个名叫卡罗琳的女孩做出了震惊全校的举动。她还不是“酷圈子”里的一员，但已经很接近了。有人看见她和蕾西一块走过走廊，天气晴好的时候，还站在校园外跟蕾西和她的黑人朋友们聊天。起初，很多同学都用那种谈论丑闻的语气偷偷议论此事。可是，卡罗琳和蕾西待在一起的时间越来越多，甚至上自习的时候都挨着坐，于是人们渐渐停止了议论。在内心深处，我觉得每个人都意识到，卡罗琳的所作所为真的很酷，那些看不惯的学生们其实大错特错。

渐渐地，大家的看法改变了。当卡罗琳每周有一两次坐在蕾西那边吃午饭的时候，那些同学对卡罗琳的抵触已经演变成了公开的尊敬。

我也崇敬她。可在这崇敬之情中，还掺杂着悲伤和羞耻感。我本可以成为打破潜规则的第一人。我本可以成为校园中第一个高调而张扬地结交跨种族朋友的学生。我本该明白，蕾西的友情要比少数人对我的误解重要得多。

自那以后，我结交了很多跨文化的朋友。我从一位突尼斯朋友那里学会了烹制古斯古斯（一道北非的特色食品。——译者注），从日本朋友那儿学会了用两小时四十五分钟的时间来品尝一杯茶。我曾经跟墨西哥朋友去看过回力球赛，跟意大利朋友观看成年男子气喘吁吁地在沙地上投掷金属球（即地掷球），我甚至跟阿根廷朋友一起看人如何用三条流星锤套牛。我为他们做了些什么呢？我把麦当劳汉堡、乡村音乐和感恩节火鸡介绍给了他们。

合同条款 32：多接触不同种族、不同文化的朋友 ♀♂

无论我的肤色是黑还是白，是棕色还是黄色，我都会积极主动地结交不同肤色的外国朋友。

第 4 章　丘比特的秘密

人气王不会带着尺子去参加派对，量量潜在约会对象的耳垂、中指和双眼间距。但是，让我暂时先把那些关于朋友、爱情和多样性的使命宣言放到一边，给你讲讲这条已被科学验证的事实：如果你跟某个长得跟你很像的人约会，此人爱上你的概率是平常的四倍。

秘密 1

为何偏偏爱上他

看你能不能猜出谜底：

这东西没法描述。

它比寻常感冒还要寻常（某些时候更恼人）。

它的来去没有缘由。

不知道是哪阵风把它吹来，它消失的时候，行迹再难寻觅。

不知道它为什么会发生。

你满心期待的时候，却过尽千帆皆不是；

你做好防备的时候，它又找上门来。

有时候你欢迎它，可有时候它给你找麻烦。

没有人猜得准它何时何地会出现，

但来临总在一瞬间。

它消失的速度也同样快，

不过有的时候，它走得冗长、缓慢、又痛苦。

打一个词。猜到了吗？

如果你猜的是“爱”，有些人会说，“很接近了”。有些人会大笑，“边儿都不沾！这跟爱完全没关系。”既然这个复杂的现象如此常见，每个人或迟或早都会遇到，所以语言学家们必须给它起个名字。可没有人能一语中的。所以，他们只好给它安了个看似无甚意义的名字：化学反应。

丘比特，为何是他（她）占据我心窝？

我们都曾这样扪心自问：“简直是疯了。世上有这么多人，为什么我偏偏觉得他（她）这么迷人？为什么我跟他（她）在一起的时候火花四溅，可跟别人就没有？哪怕‘别人’长得更好看？”

女士们，对咱们来说，这化学作用还要更疯狂。想象一下，十位男士排成一列，就像在警察局指认犯罪嫌疑人一样。可你这回要指认的不是谁抢了财物，而是谁抢走了你的心——让你一见钟情。你一个个地看过去。他们长得都很帅，可你还没发现“犯罪嫌疑人”。就快看到最末一个了。值班女警已经打算解散他们，因为没有人会相信，队尾那个滑稽的高个子牛仔会是答案。那人眼睛里带着一抹笑意，微笑中透出一丝讥讽，一绺头发搭在面颊上。

你瞟了他一眼，砰地一声，他击中了你的心。为什么？

回答这个问题之前，我们应该先讨论讨论世人对“一见钟情”的浪漫奇想、错误看法，以及事实真相。假设那位牛仔看见了你，发觉你“像花田里的红色小母牛般漂亮可爱”。他那颗雄壮有力的心也飞速跳了起来。你俩连话都还没来得及说，就已经心知肚明——你们注定要肩并肩骑着马儿，去迎接西下的夕阳了。

这可能吗？一见钟情真的存在吗？你认为呢？

咱们这么说吧。如果你们两个认为它存在，它就存在。如果半年后，你俩坐在沙发上，手拉着手跟朋友们温柔地说，“我俩是一见钟情”，那它就存在。没有人想败兴——就连我参考的那些心肠冷酷的科学家们也不想。

这一切只不过在说，一见钟情只是个语义上的词汇，它描述出了那种美妙的、寻获珍宝般的感觉——两个人对视一眼，同时感到了心头的震撼。随后，这阵不约而同的震撼演变成了认真的情感关系。[52]

什么也比不过一见钟情……或许建筑在深挚了解上的爱情除外。

爱的秘密

咱们回到刚才“为何偏偏爱上他（她）”的问题上来。从亚里士多德和柏拉图开始，一直到精神分析的全盛时期，告诉我们爱是“填补自我空虚”的威廉·赖希（Wilhelm Reich，奥地利出生的美国心理学家、心理分析家。——译者注），还有那位不愿意相信有时雪茄只是雪茄的西格蒙德·弗洛伊德——他总是觉得一切都跟性有关！人们提出了无数的理论，来解释为何当我们看到某个特定的异性（一般来说是异性）的时候，心头会犹如小鹿般乱撞，扑通扑通直跳。

最新溃败的一个理论是玛格丽特·米德提出的。这位明星级的人类学家观察了世界各地男性和女性那些不可思议的行为，之后提出：一切跟性别有关的东西都是学来的。这又陷入了那个古老的争论：是先天如此，还是后天习得？米德选择了后者。

“我们可以放心地说，”她这样写道，“不说全部，起码有许多人格特质——我们称之为阳刚的男子气概和娇柔的女性特质——跟性别并没有太大关系，就像服装、仪态和发型一样。这些是社会环境的规定。”[53]

后来，她的同行证明，她的理论其实是错的。但她在政治上是百

分之百正确的，因为当时恰恰需要这种女权理论出现。全世界的女性因此而受益——男性和女性之间并没有太大的差异。（起码这个学说帮助女性打破了少许玻璃天花板，打压了少数思想陈旧的政客的嚣张气焰。）

然而，在争议尚未变得过于激烈之前，某些激进的科学家开始研究爱情。对某些特定行为做了广泛的研究后，他们发现，这些行为不可能是后天学来的。在彻底隔绝的环境中长大的儿童中，小男孩依然彼此打闹个不停，小女孩依然会去悉心照料小猫咪。

通过更进一步的研究，他们发现，生物学因素的确影响了这些行为。男性和女性身体中的性别荷尔蒙浓度不一样，甚至连大脑的某些构造也存在差异。[54] 目前流行的理论是，男女有别，而且区别相当大。

说句实在话，真是不幸——上帝赐予我们“男人头脑”或“女人头脑”的时候，没有附送个“异性常识资料包”。在这本书里，咱们就尽力补补课吧。

秘密 2

用科学捕获丘比特

最后，科学界发现了爱情的原因。这些结论很难被驳倒，因为它们就像咬得紧紧的拼图一般，跟所有的学科都拼接得严丝合缝——从人类学到动物学，都是如此。

科学家们已经从人脑中分离出了一种叫作“神经递质”的化合物。正是这种物质造成了陷入爱河时那种美妙而奇异的感觉——你想站在房顶上高喊，在雨中大唱情歌，还做出一大堆稀奇古怪、不要命的举动。现在，令成年男子和女子坐立不安、恨不能挂在吊灯上打秋千的神经递质已经被准确地锁定了，它叫作苯基乙胺，也就是 PEA。[55]

沉浸在 PEA 中的大脑让人们坠入爱河，成年男子说出稚拙情话，成年女子会一根根地数爱人的胸毛。它让我们认为，自己的另一半就是整个宇宙的中心，对方身上再普通不过、再细微琐屑的特质，都源源不断地散发出强烈的魅力。[56]

爱像兴奋剂

恋爱的时候，这种叫作 PEA 的东西，再加上两种充溢在大脑中的天然兴奋剂（多巴胺和去甲肾上腺素），亦会产生某些值得争议的副作用。我们感到晕乎乎的，看什么都开心，生气勃勃，浑身是劲。我们想跳舞到天明，想彻夜做爱。换句话说，我们彻底不正常了！

“嗨，这有什么不好？”你问。短期来说，这没什么不好。然而，是药三分毒。要是你总是这么兴奋的话，你会完蛋的。不仅如此，就像一切药物一样，你还会上瘾。事实上，有些人真的上瘾了。良好的感情关系让他们很开心，可不幸的是，新鲜感、兴奋感，还有 PEA 都会渐渐消退。这些人会把这些归咎于感情，认为是感情褪了色。

他们是值得同情的，他们不知个中原委，陷入了一种病态的追求。我们称这种人为“爱痴”，因为他们不断地投入到一段又一段爱情中去，企图永远留住那种最初的高昂状态。他们也有可能不停地陷入糟糕的、虐待的感情关系中，想借此留住兴奋感。

火热、激情的爱，换言之，由 PEA 引起的“不正常状态”会促进性的欲望。然而，一直这样激情不衰的话，对进化是没好处的，对随后到来的后代养育也有所不利。等双方有了孩子，那些疯狂举动会对年轻的父母造成威胁。（站在屋顶上高喊的时候，他们可能会掉下来；在雨中歌颂爱情的时候，他们可能会染上肺炎。）从生物学的角度来看，除非有不寻常的外力（我们马上就会说到其中的三种）干预进来，PEA 终究是要变淡的。

再见了，PEA，再见了，爱情。PEA 和情爱的关系就是如此。在其他的文化中也是一样。人类学家海伦·费希尔发现，在不同的文化环境中，例如俄罗斯、埃及、南非、委内瑞拉，还有芬兰，离婚往往发生在 PEA 消失的那一年。此时，真相开始浮出水面——两种截然不同的物种（男性和女性）需要面对彼此了。[57]

那么，冷静下来之前，我能享受多久？

你一直在等答案吧，请听好：一般来说，PEA 的持续时间是一年半到三年。[58] 真抱歉，可这是真的。平均下来，最初那些快乐的白天和热辣的夜晚，只能持续三年。

但是，PEA 的消退并不是情侣分手的唯一原因，这也未免太荒谬了。并不是说情爱关系本身有问题，这只是说明，大自然在物种繁衍的问题上，有它自己的步调。伟大 PEA 的退场，对孩子们更有好处，对配偶双方的长远福祉也有好处。

由于父母必须细心照料孩子，直至他们进入青春期，所以大自然不想让伴侣们分开，害得孩子们两头跑。可是，如果自然母亲继续让你们的头脑中充满了 PEA，那该送孩子去看医生或上学的时候，你们可能还在翻云覆雨。左邻右舍的爱侣们也会整夜整夜地蹲在房顶上高唱情歌，吵得孩子们都没法睡觉。

为什么有那么多女人爱上坏小子？

有件事儿总让男人想不通：为什么有些女人特别迷恋坏小子呢？也不光是女人会这样，不少男人也会发现自己陷在代价巨大的情感关系中无法自拔。这的确令人不解，因为人们都说想寻找个好伴侣，可总是有人陷入糟糕的关系里。为什么？

这方面的理论有很多。看上去最可信的一条是，这种情爱关系里有种反常的快乐。不少女人认为暴力型男子很迷人，是因为这种男人看上去很自信。他们知道自己要什么，也会摆布别人去拿到它。通常，这些行为背后隐藏的都是深切的不安全感，但不少“硬汉”把它埋藏得很深很深。

还有一种可能是，硬汉型的男人让女人想起幼年时的情景。爸爸可能指使摆布过她，可她知道，他心里头是爱她的。因此，她把这种受摆布的感觉跟被爱联系在一起。

此外，很多人在成年之后，发觉生活缺少刺激和戏剧性。他们还

记得第一次恋爱时的痛苦、欢悦、发现的欣喜，以及危机边缘的心跳感受。渐渐地，他们觉得重复过往的感受很没意思，让 PEA 尽情奔流起来的门槛变得越来越高。对于某些人来说，必须要遭受虐待，才能重新领略那种夸张的刺激感受，让 PEA 再次涌动起来。

有人对不断选择虐待型伴侣的女性做了广泛的研究，结果显示，这些女性的自尊程度很低。而这种情感关系只会更加贬低自尊。她们忍受的言语辱骂和暴力行为，导致了抑郁，也导致了一大堆其他症状。然而她们选择了留下。不少人对爱有依赖心理，觉得没有伴侣的爱就活不下去。

爱上坏小子的女人总会有个好男人做后备，这种现象是相当普遍的。万一那个硬汉太过强悍，她还有一个柔软的依靠。这个好男人就像保险条款一样。

研究者把这种被坏男人吸引的现象称作“斯德哥尔摩症候群”。单靠那位好男人的力量，是很难把这位女子拉出来的。在我的研讨会上，很多好男人问我，他们应不应该继续留在候补席上，希望她终有一日会弃暗投明呢？

我的回答是，“你自己决定，但统计数据并不乐观。想要脱离这种重复性的、有害的情感关系，她自己得有强烈的渴望才行。可是，在内心深处，她多半不愿意。”

秘密 3

如何让深挚美好的爱情出现

大自然赐予了我们另一项天赋，可不幸的是，很多人并未发觉它的珍贵。为了补偿 PEA 的减退，大脑增加了另一种兴奋物质的浓度：内啡肽。[59] 这种物质会提升人的安全感和幸福感，让人感到平静、踏实——这就是家庭式的爱情。等等，好消息还没说完。如果你愿意敞开心扉，接受这种新的爱情感受，你就会得到人人都渴望的那种深挚、满足、持续终生的爱情。

激情的爱转变成了伴侣之爱。对情欲的无度需求和执迷转变成了对彼此的支持和接受。无论你用什么方式看待，这种感情都比从前那种青涩恋情更加成熟、更加优美。

要是你依然想要“刻骨铭心”，那该怎么办？

好吧，对于那些非要不可的人来说，有个方法可以让爱火继续熊熊燃烧。但是，对象不是你的伴侣了。

你先找个家庭型的爱侣，给你持久的感情，再去找个偶尔幽会的情人，保持爱火不熄。可是，这样你就变成了一个偷偷摸摸的双面人，时刻有失去长久爱情的风险——大自然希望你拥有这种持久的爱，而且人们已经证明，这种感情能给你最大的快乐。如果你想要这种双重生活，那是你的事，但我可不推荐这样做。

顺便说一句，如果你觉得人人都享受过此等好事，你却没有，那请你看看这一组统计数据：性学社会组织（Social Organization of Sexuality）随机抽样调查了约 3500 名年龄在 18 到 59 之间的人们，结果发现，美国男性平均一生中与六个女性有过性关系，而美国女性平均只有两个情人。[60] 统计“双面生活”的时候，75% 的已婚男性、85% 的已婚女性从未跟伴侣之外的人上过床。

有没有什么办法，能让我跟固定伴侣之间的激情之花常开不败呢？有的，但未必合算。我给你讲讲我的朋友辛迪的故事吧，她已经把热烈火辣的婚姻成功地维持了四年之久。这几乎是 PEA 的记录啦。

辛迪的激情秘诀

辛迪是我的修甲师，她总是抱怨说，在她这一行里，一个男人也别想碰见。每天漫长的工作结束后——对着指甲又锉又磨、修剪、抛光——她已经累得没劲出去社交了。

可是，尽管辛迪没有男朋友，可她有个柏拉图式的男性朋友维克多。维克多是个木匠，辛迪的美甲工作室偶尔需要修缮的时候，他就会来帮忙。我永远搞不明白辛迪为什么还让他来，因为每回我修完指甲，辛迪都会给我讲些维克多新近做出的出格事情。

有次她告诉我，前一周，她帮他修指甲。他总是吹嘘自己“强悍得像个仙人掌”，可剪指甲的时候，辛迪一不留神，剪了个极小极小的破口。

“你真该听听他那声干号，”辛迪说。“他竟敢说我笨手笨脚！我气死了，我叫他自己修他那破指甲去。”

“结果呢，他也没道歉，反倒起身去把电视打开，闭上嘴一句话不说了。典型的臭男人。”她嘟哝道。

有一回，辛迪说，“有一天我们最忙的时候，维克多来修灯。我跟其他女孩子都围着顾客忙得团团转，所以他一个人悄无声息地维修了 15 分钟。走的时候，他没跟我说句好话，而是咧着个大嘴笑了起来，说什么‘老天爷，你们这些小丫头可真能说啊，跟身上装了个唱针似的，哈哈哈。’他当着客人的面跟我说这种话！我恨不得宰了他。”

接下来的夏天我没在家，所以那段时间没看到辛迪。等到秋天，我举着一手难看的劈指甲和死皮，去找辛迪。我照例的开场白是，“最近有什么新鲜事呀？”

她微笑着说：“我 7 月份结婚啦。”

“开玩笑吧？太棒啦！跟哪个幸运的家伙？”

“维克多。”

“你又认识了一个叫维克多的？”我问。

“还是那个维克多嘛。”

我的天啊，辛迪！我心想。我知道，这下说话可得小心点了。“你不是说你们经常‘打架’吗？”

辛迪乐了，她说，“没错，我没法把他当朋友看。可当爱人就是另一回事喽。”

要是我的手没有浸在肥皂水盆里，我非得挠挠头不可。但是，读了这么多两性关系的研究报告之后，我有点能理解了。

男女之间的柏拉图式友谊比同性友情少，其中一个原因是：男人天性喜欢分出等级，而女人的天性喜欢和睦团结，这两种天性会形成冲突。[61] 男女看待人际关系和人生的角度不一样（你还有新鲜说法没有），在爱情关系中，这种不同是相当令人兴奋的。此外，在浪漫关系中，也存在其他因素能让爱船轻轻荡漾。

另一个原因是，男人和女人的友情风格截然不同。大家都知道，男人之间是靠“共同做事”建立情感联系的，而女人则是通过说话。女人很难想象，有个不肯“袒露灵魂”的密友（无论男女）。可你要是让个男人袒露灵魂，那不亚于让女人袒露臀部。要是你一再坚持的话，他会觉得这是精神强暴！

同样，你有几回看见过一群女人扎堆去看棒球赛或摔跤比赛（没有男伴陪同），还高喊着“宰了那裁判”的？

我以为辛迪和维克多婚后就不会有那么多争吵了，可她仍然给我讲他俩吵架拌嘴的事。更有甚者，他们现在多了个吵嘴话题：他们开始共同经营美甲店，总是争执哪种做法更好。

如今，他们俩结婚已有 4 年，所以我问辛迪，“要是你俩总是打个没完，那是什么原因让你俩待在一起呢？”

“嗐，也不是总打架啦，”她脸上挂着一丝微笑。“是什么让我俩在一起……我猜是‘性’吧，我们每晚都做，有时候一晚上两次。”

“啊，4 年了，你们还这么黏糊？”我问道。

“是啊，我俩打起架来，就像响尾蛇和猫似的。”她绽开笑颜，抬头看着我，做出个抓挠的动作。“我把指甲修得尖尖的，好用着呢。等到我真急了的时候，我们就知道该和好啦，然后我们就热烈地上床去。”

什么能让你兴致高昂，你自己心里最清楚。

秘密 4

把朋友变成爱人

我的研讨会上经常有人问，“柏拉图式的朋友能变成爱人吗？”

“这方面我还没做过研究，”我会这样告诉参会者，“但我的朋友安妮成功了。到底是偶然事件，还是故意为之，我永远也不会知道。她也永远不会说的。”

安妮住在加州，是个聪明、漂亮、事业有成的女孩子。6 年前，安妮的叔叔介绍我们认识（我为她叔叔的公司做咨询）。他筹办了一个小型的午餐派对，我跟安妮同车前往。

等我们到了餐馆，我俩已经对彼此知根知底了（开车路程是 20 分钟）。典型的女性作风！我们很快就成了好朋友。我们有个很大的共同点——安妮也有个柏拉图室友，名叫蒂姆。

“你们俩有没想过，别这么柏拉图啊？”我问她。

“哦，没有，”她说。“这样挺好的。”我从她眼中看出了一丝恍惚的神情，可我还没跟安妮熟到那个程度，也就没多问。

现在我已经跟安妮见了四次面，每年我去拜访她叔叔公司的时候都去看望她。安妮的头衔越来越响亮，办公室面积越来越大，可除此之外没有任何变化。我经常问起蒂姆的情况。他们依然是室友，依然保持着柏拉图式的友情，安妮一提起他，脸上依然是甜蜜的笑容。

最后一次见安妮就在几个月前。这一回，我问起蒂姆的时候，安妮的反应完全不同了。她从那张大大的桃花心木书桌后站起来，关上办公室的门，说道，“我搬出去了。”

“哦，真让人难过。你俩关系这么好。”

“才不呢，是好消息，”她说，“我俩订婚啦！”

“你们俩怎么了？快跟我说说，怎么回事？”

看过 1983 年那部《母女情深》的人八成能猜到。你们还记得那个情节吧，雪莉·麦克莱恩和杰克·尼科尔森这对柏拉图式的邻居有天晚上喝醉了，在海边跳舞，然后上了床。他们的睡帽倒是戴得牢牢的，可睡衣就另当别论啦。

安妮和蒂姆都不喝酒，所以他们之间没那么戏剧化。可是，假日派对上的一点儿酒精自有妙处，第二天早上起来，他俩就不能再自称是“柏拉图”室友了。

接下来呢？安妮搬了出去。蒂姆想她想得快要发疯。他请她去奥地利滑雪，当然，订的是两间房。在阿尔卑斯山下一个迷人的小餐馆里，他单膝跪下，掏出一枚漂亮的订婚戒指，求了婚。

重要提醒：我绝没有那个意思——绝对没有——提倡大家像辛迪似的打架，或是像安妮那样喝酒，用这些方法把“柏拉图”三个字剔除出去。然而，俗话说“好事多磨”，自有其道理。在辛迪和维克多的例子中，刺激的打闹点燃了激情的火焰。在安妮和蒂姆的例子里，如果你一向遵循严格的道德律条，那么，一点点酒精也就意味着解放和自由。

秘密 5

如何让爱火不熄

丘比特，要想让爱情一直炽热无比，你有什么话要嘱咐我们？先来说说好消息。没错，你可以让情欲之火一直熊熊燃烧。现在，来说说坏消息。让爱火不熄的三个方法是：

1. 经常面对磕磕绊绊（就像辛迪和维克多一起经营事业、总是打架那样）；
2. 让你们的关系永远处于受威胁的地位，总是害怕失去另一半（就像蒂姆害怕失去安妮那样，安妮多半也在担心，搬出去的策略会不会有效）；
3. 聚少离多。

想想第一条和第二条，很少有哪出爱情故事、戏剧或电影，不去刻画受威胁的爱情关系。这是爱情赖以生存的力量。许多研究都表明，危险和激情之间存在直接关联。谁不曾有过那种怕被人抓个正着的兴奋感啊？

有项名为“一些证据：高度焦虑下性吸引力会增强”的研究显示出了二者间的关联。[62] 事实上，自有记录开始，人们就发现危险和热

烈的爱情是伴生的。帕布琉斯·塞勒斯（活跃在公元前 1 世纪的叙利亚作家，写了很多格言。——译者注）曾说过，“爱人间的怒火让爱变得更茁壮。”（这人是谁？我也不知道。他的名字很像罗马人，很多古书里引用了他的话。）

要说第三条“聚少离多”，每个人都同意“久别胜新婚”。这话没错，可只能在短期内有效果。时间一长，你会难以忍受孤独，开始寻求慰藉。慰藉往往会夸大新人的好处，这对缺席的那位来说，可不是什么好事。

总之，就像律师对陪审团说的话一样，你必须自己做出抉择。如果分离的孤独感是值得的，对失去爱人或生命的恐惧是值得的，那你就去做。但是，这可是代价不菲啊。面对不停的 PEA 冲动，我会投个反对票，转身去追求另一种——建立在内啡肽基础上的持久爱情。

你能获得安宁、持久的爱情吗？

这要看具体情况。有些爱情关系一开始就更像是内啡肽型的，由于年龄或其他因素，性变得不那么重要。在年龄较长的伴侣间，这种现象很常见。他们结婚多半是为了找个伴，而不是追求性。但是，更年轻些的伴侣往往需要 PEA 的力量来启动感情。

我有个大学时期的老朋友，名叫玛丽亚。她和男友迈克尔同居了 6 年。她说，在网球场上初遇的那一刻，他们就有种相识多年的感觉。在生活中，他俩就像在球场上一样般配。有些时候我会带上男友跟他俩一起出去玩，我亲眼见到她和迈克尔相处得有多么融洽。

有次玛丽亚告诉我，“我真是感谢上苍，迈克尔真是个好人。他属于那种极为少见的男人，你真的可以跟他谈心，他也真的会用心听！我总是觉得，我的意见对他来说特别重要。”

展现更多磁力！

人们进行了6项广泛的研究，试图回答“两人为什么会待在一起”的问题。答案听上去不像“喝醉了酒一同去海边跳舞”那般浪漫，不管是好是坏，原因如下。最幸福的夫妻是这样的人：

（1）相信婚姻制度，出于社会原因或宗教原因皆可；

（2）同时认为离婚的代价太大（情感上、金钱上、社会地位上）；

（3）最重要的是，对于自己挑选的终身伴侣，他们忠诚不贰，深深地尊敬对方。

那热辣的性呢？趁它还存在，就好好享受吧！

事实上，要是有人办一个百万奖金的全美“最佳伴侣”大赛，而推荐一对候选人得交一百美元，我会毫不犹豫地推荐这对M&M组合。朋友间都是这么叫他们的，玛利亚和迈克尔的名字英文字头都是M，放在一起正好是那个著名的糖果牌子。只要朋友中谁想开派对，必然会把M&M列在名单头一位，因为他俩实在是太让人愉快了。

好了，震惊又来了。有天晚上我打电话请他俩来吃晚饭，结果发现双M恋告吹，现在是两个单独的M了。我太惊讶了，那感觉就像你去超市买M&M糖，结果发现它们分开卖了——糖心儿是一包，外头的巧克力糖衣又是一包。

玛丽亚告诉我说，分手是因为“我俩的感觉更像室友”。“当然了，”她说，“我们也做爱，可感觉就像跟我哥哥做爱似的。这段感情很温暖，很舒服，可从来也没激情。”而这正是玛丽亚想追求的东西啊。

功效强劲的因素就是 PEA。那么，要是没有它，爱还存在吗？是的，爱还会存在。永久的、更为认真的爱情能够持续一辈子，在现实中确实也是如此。这种爱不仅包含了彼此之爱，也包含了对某些“爱的信条”的爱。

合同条款 33：我不会让 PEA 影响爱情 ♀♂

明白，狂野炽热的情欲会成为历史，但这并不意味着我们的爱情也会。我会牢记这一点，不断地阅读，学习如何紧紧抓住（或重新抓住）一生的挚爱。

秘密 6

魔镜魔镜告诉我，谁更容易爱上我

如果你现在是单身，焦急地想要找个伴儿，舍弃孤独，换来晕乎乎的爱情，那这一章里的条款能够大幅提升你遇到爱人的几率。它运用科学告诉我们答案——为什么当我们看着这个人的时候，荷尔蒙开始在脊椎中兴奋地跳舞，双膝开始发软，看着另外一个人的时候，却不会这样。

我用通俗易懂的话来解释一下。从出生之日起，直到青涩的青春期，我们看到、听到、触摸到、闻到、感觉到的东西决定了大脑中神经元组织的结构。在这个迷宫中，有些模式是跟异性相关的。小女孩看见爸爸或其他男性家庭成员的时候，这些形象就构成了她对“男子”的定义。小吉米看见妈妈、艾伦阿姨或其他女性家庭成员的时候，他那小脑瓜就说了，“哦，女人！”这就像是“我是泰山，你是珍妮”的天生反应一样。

对那些足够幸运，得到异性家庭成员关爱的孩子来说，这种感觉的确是非常舒服的。其他的异性家庭成员（一般来说是这样），比如阿姨、姑姑、叔叔和舅舅，会加强这种模式。左邻右舍的男孩女孩们是次等的形象来源，但最首要的通常都是亲属。

展现更多磁力!

人气磁石不会带着尺子去参加派对，量量潜在约会对象的耳垂、中指和双眼间距。但是，让我暂时先把那些关于朋友、爱情和多样性的使命宣言放到一边，给你讲讲这条已被科学验证的事实：如果你跟某个长得跟你很像的人约会，此人爱上你的概率是平常的四倍。

由于这些亲属们的基因有一半跟我们是一样的，所以他们的长相跟我们很像。既然我们的“被吸引模式”很早就已形成，那么这个说法——人们会被跟自己长相类似的人吸引——也就很有道理了！（治疗专家们喜欢用更花哨的词语：符合我们早期完形印象的人。）

在一项有趣的研究中，研究者发现，夫妻之间跟预料的一样，在年龄、种族背景、宗教、社会经济地位和政治观点方面都很类似。但让研究者大吃一惊的是，夫妻间的容貌相似度是其他项目的四倍，比如耳垂的长度、肺容量、手腕和脚踝的周长、眼睛之间的距离，甚至还有中指的长度。[63] 换句话说，自儿时起，我们就被“预先编好了程序”，会对特定的一类陌生人产生好感。

关于这项研究，还有个有趣的事情。在视“戴绿帽”为极大耻辱的社会中，有夫妻相的家庭特别多。男人会选择长相跟自己很像的女人，这样一来，就绝对不会有人怀疑孩子究竟是谁的了！

合同条款 34：寻找长相像我的人 ♀♂

如果我极其渴望有人爱上我，我会去寻找那些跟我长得像的人。

秘密 7

行动起来，走出家门

现在，咱们来谈谈更为现实的问题。如果对方没有天大的运气，长得不像我，我该如何让他（她）爱上我呢？

那我要冒着尖酸刻薄的危险，说一句：“你得先认识人家。”我怎会有胆把这么简单的东西写出来？因为太多渴望爱情的人会忘掉这个不起眼的小细节。这些人坐在家里看电视，或是跟同性朋友煲电话粥，然后不断地抱怨，“为什么我就遇不上理想的爱人呢？”既然你不是那种认为梦中情人会从电话线或电视屏幕里冒出来的人，那咱们就来制订个寻爱计划吧。

展现更多磁力！

“我当然知道我应该独自参加活动，好认识人。”但是，除非你签下了这个合约，否则你就会找理由不肯去，比如下班后累得要死，你只想回家睡觉等等。如果你总是回家睡觉，哪里还有机会认识什么人呢。起来吧，出门吧，去寻找爱情吧。

继续往下读之前，请列出五项你最喜欢的“户外活动”。这个“户外”，我指的是“在你家之外”。室内的运动当然可以，比如壁球；就连钻进山洞也没关系，比如探洞冒险；去听你感兴趣的演讲也算。这五项只需有一个共同点：你真心对它们感兴趣。

1.______________________________

2.______________________________

3.______________________________

4.______________________________

5.______________________________

几个月前，我给一群单身人士做了演讲。结束后，一位女士上前找到我，说她怎么就遇不上有文化的男人呢。我问她“文化男人”的定义是什么。

“喔，你知道的呀，”她说，“就是喜欢精致爱好的人，比如歌剧、艺术、古典音乐。喜欢去有格调的餐馆吃饭，也懂得红酒。”

“我遇见的男人都是蠢蛋，”她抱怨说。

我问她参加哪个歌剧社团没有。

“没有，”她答道。

最近去过画廊吗？

“没有。”

去听过古典音乐会吗？

“呃，没有。”

“那你有没有独自坐在有格调的餐厅或酒店的吧台前喝点什么？”

“喔，没有。”

“有没有参加过红酒品评会呢？”

“我想没有吧。”

我希望她自己说出来的这一串“没有”已经让她意识到问题出在哪儿了。你想抓鳟鱼，就得去溪边；想要抓狗熊，就得去森林。如果你想找个有文化的男人，你就得去那些有文化的男人会去的地方呀。

对于这位女士，我能预见到的问题是：如果她想找一个有文化的伴侣，像她说的那样，有精致的爱好，那她自己必须也要有这些爱好才行。如果她没有这些爱好，一次约会过后（假设她能抓住机会的话），对方也会感到无聊，因为人家明白两人没有共同点。

所以，从长远来看，找那些跟你没有共同兴趣的人是不值当的。显然，唯一遇到理想爱人的办法就是：去那些跟你有共同爱好的人会去的地方。

看看你刚才写下的嗜好列表，然后高高兴兴、毫不怀疑地签下后面的合同条款。一旦签好了，你就要履行承诺，独自去参加那些跟你爱好类似的人会去参加的活动。一个月最少去两次，如果你特别想寻找爱情的话，就一个月去四次。单身参加这些活动的时候，你遇到意中人的概率会大幅提高。

女士们，这个条款对你们格外重要，因为“有共同爱好”是列在“理想男士”条件清单的头几条的。研究证明，对男性来说，女性的兴趣爱好是相当有效的感情催化剂。[64] 男人希望女伴能够跟他们一起玩乐，一起去看电影，去远足，或许（如果他够幸运的话）还能一起去看棒球比赛哩。

合同条款35：走出家门去寻爱 ♀♂

为了遇见理想爱人，我会每周去参加一次自己感兴趣的活动——单身赴会（如果我只是半心半意的话）；要是我真的特别想找到爱情，我就每周去两次。

秘密 8

主动出击

光是露露脸就够了吗？绝大多数想寻找爱情的人做完这一步就不往前走了，以为到这一步任务就算完成了。他们跟同性朋友一起去参加活动，整晚都泡在老朋友身边吹牛闲扯。噢，他们偶尔也会偷偷摸摸地瞟一眼感兴趣的人（装作一副不感兴趣的样子），然后盼着对方主动过来。

你还记得约翰尼·科克伦是怎么打赢了辛普森的案子的吗？有些人说，他说了一句话，一锤定音："如果它不合适，你就必须判他无罪。"

你的关键一句应该是：如果你想要约会，就必须主动出击。一旦采取了主动，你必须随后跳一场精心准备的"舞蹈"，这叫作"亲密之舞"。这个名词是一位坚韧不拔的研究者提出的，他花了成千上万个小时在实验室中观察动物的求偶仪式。

他的实验室在哪儿？一个单身酒吧。

他的观察对象是什么？人类。

他的观察内容是：是谁先看了第一眼，又是如何看的。是谁先动起来的，又是如何动的。谁丧失了兴趣，是如何失去兴趣的？谁跟谁并肩离去，为什么？

换句话说，蒂莫西·佩珀博士仔细地记录下异性如何相遇，如何进入约会阶段，很可能最终还会进入性爱阶段。一次次的观察中，他看到了相同的模式。

爱之舞

观看男女初遇时的录像，这绝对是个吸引人的事情。女性对男性发出信号，男性过来试探，看看他们离“亲密之舞”还有多远。有时，一曲未了，舞蹈就宣告结束。[65]有时，两人去共度春宵，谁知道呢，没准还会共度一辈子。

这舞蹈一旦开始，你就要遵循一些不成文的严格规则。有些行为你应该做，有些却绝对不能做。如果你不小心踩到了舞伴的脚趾，你马上就出局了。世上有很多舞林高手，他们熟知一切经典的舞种，比如恰恰、查尔斯顿舞、康茄舞、木屐舞、性感肚皮舞——但是，真要说最经典最古老的舞蹈，真正的性感之舞的时候（更普通的叫法是求偶之舞），他们就趴下啦。

这是一场最为优雅的双人芭蕾。我们会逐一细讲这些精心编排的舞步。序幕往往是女性的一个微笑。然后，芭蕾王子迈出第一步，真正的舞蹈动作开始了。这一步必须是“柔板”（也就是慢）。芭蕾公主以一个小小的、细微的“足尖旋转”作为回应。如果她觉得他的站位不错，她会流露出一点敬意，比如一个微笑。他得到了鼓励，会拿出一点点余兴节目来，再次博得佳人一笑。如果她笑了，他就可以加一点“快板”（也就是快）。然而，他的时机必须拿捏得恰恰好。此时，芭蕾公主必须要来点“前移步”（往前迈一步），以资鼓励。如果没有的话，双人舞就宣告失败，两人就各跳各的单人舞去了。

听上去有些复杂，是吧？的确如此。可是，咱们真想回归某些早期的美国风俗吗？例如，北美的克劳印第安人的做法倒是更为直接。男性追求女性的方法是：晚上爬到她的帐篷旁边，单单把手伸进去。如果他幸运的话（换句话说，如果她躺的位置恰恰好的话），他的手能摸到她的私处。然后他会抚摸一番，如果他干得不赖，就能爬进帐篷里，说服她跟他交欢。

如今，我想大家试探爱情的时候，都更愿意对彼此有个“整体印象”吧。

邀请对方跳一场亲密之舞

如果你不做任何“广告”，或是不发出任何邀请，那爱之舞是不会开始的。因此，若是女子想要跳一场，就必须做点什么——要么做做广告，要么发一封私密的邀请函。相比之下，我更加推荐后者，因为男士们对它的响应要好得多。

做广告（不推荐），就是穿一件深V衣服进酒吧。私密邀请函（强力推荐）就是冲那位你想结识的绅士展颜一笑。

我敢肯定，这种事发生过几十次了：你穿过一个拥挤的房间（更有可能是在往洗衣店的干衣机里头塞硬币的时候，或是在超市买袜子的时候），你瞥见了那个人。啪啦一声，此人俘获了你的心。丘比特的爱箭直中你的心房。你的脚发软，手出汗，嗓子变得干巴巴的。你的脑子里飞快地想着办法。尽力鼓起勇气的时候，你鬼鬼祟祟地，偷偷摸摸地瞟上人家一眼——你知道，他（或她）注定是你的另一半。

就在上周，我就遇见了这种事。商场里的男士针织货架前，一个型男正在挑袜子。我采取行动没有？

没有。（直到现在我还恨得直踹自己呢。）

为什么没有？呃，我的心路历程是这样的……“啊，他看上去挺忙的。毕竟，他在做天字第一号重要的决定——该挑哪双袜子。我敢打赌，他的脚丫也长得很有型。真想看看他的左手，无名指上有没有戴戒指呀？可惜袜子盖住了。唉，八成他已经结婚了。何况我该说什么呢？‘不好意思，打扰一下，我觉得棕色的那双更衬你的肤色？’”

我终于选定了一句勇敢又聪明的话，“不好意思，你知道男士衬衫在哪儿卖吗？”可是，我还没来得及行动，他已经买好了袜子，坐电梯走人了。再见了，我的爱人。

整整一下午，我的脑海里在疯狂上演狂想曲。我看见自己笼罩在柔光中，优雅地拈起桌上最名贵的棕色袜子，风情万种地在脸上摩挲，然后抬起睫毛往上看着他，充满诱惑地说，“喔……试试这一双。多柔软啊。”

他立马被我的美貌、我的感性、我的……捕获了。行啦，莉尔，醒醒吧！又是一个被放走的白马王子。人家走掉的原因只有一个：我没采取主动。

如果你想要约会，就必须主动出击。

女士们，别不好意思。率先做出第一个动作：微笑。事实上，如果不是雌性主动求偶的话，地球上的哺乳动物、有袋类、爬行类、鸟类、鱼类、灵长类，以及人类，会只剩下三分之一的数量。

尽管有三分之二的情爱关系都是由女性主动引发的，我敢跟你保证，能觉察到“主动意味”的男性不会多于百分之十。女士们，在办公室里，当男同事认为你的某个好点子是他自己想出来的，并且企图争功邀赏的时候，你会气个半死，可这种事儿也有好的一面。在爱情关系中，不管你的主动行为有多么明显，男性仍会以为跟你搭讪是他的主意，而且把功劳都归到自己头上。

展现更多磁力！

此刻，世界上正上演着成千上万个类似的情景。求偶的游戏往往在最初的阶段宣告失败。对陌生人的好感极少能走出“上下打量”这一步，因为当我们看到意中人的时候，就不由自主地变成了羞涩的小孩儿。女士们，在整个生物界，我们注定是要主动采取行动，去结识雄性的。大胆出手吧！

姐妹们，请记住我的话。如果你能掌握这个简单的微笑，你遇上梦中情人的几率会增大很多很多倍。这纯粹是态度问题。如果你恰巧置身一个异性结识的典型温床（也就是酒吧），你别把这个想成是“在酒吧里冲着男人笑”。你应该这样想，你的微笑是在传递以下信息：

“带着这个微笑，我在此向你致以问候，如果你肯惠赐陪伴，过来坐在我身边，我将更为愉悦。在此我要先行对一些礼仪规定表示遗憾——在我对你致以微笑之后，端庄的淑女之仪要求我必须欲言又止，我的眼光将不能继续停留在你身上。然而，我衷心地期望，你能够明白我的意图。我知道，我们应当一同经历彼此的陪伴，希望你允许我们享受这种乐趣。”

换句话说就是，“嗨，过来坐下！”

合同条款 36：如果我想要约会，就要主动出击 ♀

对每一个我觉得不错的男士，我一定会主动微笑。而且我很清楚，如果他随后走过来跟我搭讪，他肯定会认为，采取主动的是他。

女士专用____ 

秘密9

淑女如何应答

由于经常出门在外，我在全国只身光顾的餐厅有几百家之多。身为一个厚脸皮的人类行为观察员，我很愿意分享一下自己的心得。我发现，这些观察结果和那位大胆的蒂莫西·佩珀博士在酒吧进行的严肃研究完全吻合。

佩珀博士从亨利·弗兰克·古根海姆基金会（Harry Frank Guggenheim Foundation）申请到一笔为期两年的资助，去单身酒吧流连、观察（真是肥缺啊）。可惜，要是我也想做这个研究的话，还得自己掏钱买饮料（或是让某个毫不知情的观察对象买单）。

佩珀博士证明了自己之前的假设:“女性的反应必须精确地符合男性的积极程度，否则二人的交往通常尚未开始，就宣告结束。”

在餐厅里等位的时候，我往往得坐在吧台前。偶尔，身边的人会跟我搭讪。那位绅士开口说“你好”的时候，如果我回答的热情程度跟他相当，一切就会顺利地进行下去。如果我的回应比他冷淡，他很快就会撤退。如果我的回应比他还热烈，先闭嘴的往往是他。读过佩珀的研究结果之后，我明白了。他八成在想，“这妞儿也太主动了。”“哟，太性急了。我还是躲开吧。”

展现更多磁力！

女士们，你应该想想音乐，而不是词语。还记得音乐老师用的定音笛吗？男士过来搭话的时候，你的热情程度要跟他的话音完全符合。太低，你会失去他。太高，你会把他吓跑。

如果他的开场白显得不是特别友好热情……这么说吧，他的性格偏点保守，开场白是这么说的，“嗨，你好，我坐在你旁边会不会打扰你？”那么，如果我的回应刚好跟他一样礼貌，效果就最好了。如果我们想把偶遇的小火苗点起来的话，我们话中的热情程度和韵律是至关重要的。

对于这位绅士，最好的回答应该是同样和蔼的，“没关系”或者“这是我的荣幸”。

女士的第一原则是，你回答中的热情、渴望和活跃程度应当跟男士问话中的一模一样。佩珀博士还发现，一旦两人开始交谈，随后的每一步必须是往前走的，不能往后退。万一有谁倒退了一步，必须飞快地往前迈两步，补偿上去。换句话说，谈话必须按照合理的顺序，朝着“成双结对”的目标行进。其中的步伐可以是语言，也可以是别的。

例如，她坐在吧台前，他走了过来。

他：（转向她，有点紧张，马上就问。）“嗨，请你喝一杯怎么样？”

她：（有点儿吃惊，因为他一坐到旁边的凳子上，就立马问出了这个问题。她转头打量他一眼，心想，“嗯，看上去真挺不错的。可是，要是我让他请我，那我喝这杯饮料的时候，从头至尾都得跟他说话。他没准是个混蛋呢。我要先缓缓，看看他这人究竟怎么样。”）“哦不了，谢谢。这杯我还没喝完呢。”

他：（以为她不喜欢自己。）“呃，那好吧（尴尬地笑笑），如果你渴了，你知道上哪儿找我！”（离开凳子，走开了。）

她：（心想，“等等，他看上去挺贴心的。真希望他没走啊。”）

可一切已经太晚了。

哪儿不对劲？谁做错了？

两个人都做错了。他不对，是因为时机没把握好。他本该多等一会儿，让她看到他，并且在决定要不要接受“喝一杯”的邀请之前，观察一下他的行为举止。她同样也做错了，因为她回答中的热情程度跟他的不匹配。

合同条款 37：我会得体地回应 ♀

如果我对这个男人有好感，我会非常认真地听他对我说出的第一句话，然后精确地、不多不少地回应他的热情。

女士专用______________________________

秘密 10

绅士如何搭讪

如今，在没有第三方介绍的情况下去结识一位女士，是一门精妙的艺术。咱们先来谈谈入门知识，然后再循序渐进。

不管你是刚入门的新手，还是情场老手，你肯定是从眼神接触开始的。（请注意：女性不喜欢你称她们“姑娘”——除非她们年过四十，那这话就属于恭维了。）以下就是俘获芳心的秘笈。

你的站位极其重要。看见你想搭讪的女士之后，你要挪挪窝，站到她视线之内，让她直接能看到你。然后，温和但专注地凝视她。她很快就会察觉你的眼光，向你看过来。此刻，你要礼貌地微微点头，同时对她微笑一下。

她会很自然地把目光移开。全世界的女人都一样，这是求爱仪式的一部分。（就连雌兔都是这样的，你知道人们对兔子有何评价。）然而，你可以从她转开视线的方式上，判断出她是否喜欢你。以下这个眼神交流测试叫作“喜欢你，还是讨厌你？”我发觉它百分百准确。转开视线后，如果她在 45 秒之内又回看你，那她肯定对你有兴趣。

以下所说有点复杂，因为你必须仔细观察她是怎么转开眼神的。但是，这是她感受的晴雨表。

她喜欢你，如果……如果她往地面看去，然后转开了视线，就好像用眼神扫地似的，那么她喜欢你。这样转开视线的女子多半欢迎你前来搭话。有时，她的脸上还会浮现出一丝被抑制住的微笑。这样更好。

她拿不准对你的感觉，如果……如果她的视线平移走了，好像巡查墙壁似的。这意味着她还没拿定主意。现在咱们还没法下结论。

她大概不喜欢你，如果……如果她抬眼往天花板上看去（也就是白了你一眼），那她大概不喜欢你。如果她这么做了，后续的试探就是白费力气。当然了，也有可能她觉得你十分迷人，可她已经嫁人了，或是有个男朋友。这是在阻止你呢。

现在，假设她的眼神是平行转开，或是往地上看去，你飞速地看一眼手表秒针。测量一下她回看你的时间。如果她在接下来的 45 秒之内回看了你，这表明她希望你过来。这就好比是白纸黑字的邀请函："我衷心邀请你过来跟我聊天。"

第一步：你再冲她笑笑。

第二步：现在你朝她走来，站的距离应该近到可以谈话，但又不会太近。你要跟她保持得体的距离，但谈起话来很方便。多大距离算是得体，要看房间大小、拥挤程度、场合，还有很多其他的因素。

此时，你可以通过她的身体语言再次判断她的兴趣程度。她的身体部分地背离你，或是全部背离了你吗？（糟糕，非常糟糕。）她维持相同的姿势没有动吗？（尚未定论。）她朝你转过来了一点，或是完全正面面对你了吗？（很好，相当好。）

第三步：现在你跟她说点什么。要不偏不倚、彬彬有礼，但别涉及私人问题。如果你是在一个私人举行的派对上，你可以问问她是怎么认识主人的。如果你在剧院里，可以问问她觉得这出戏好不好看。尽量问一些所谓的"开放式"问题，也就是那种她没法用寥寥数语回答的问题。

你或许还记得，在本书的第二部分里我曾讲到，别人对你的第一印象，50% 来自视觉，也就是他或她看到的东西；30% 来自听觉，也就是你的声音；唯有 20% 来自你说出来的内容。

因此，请你注意一些平常不注意的因素——你的声音。和男人相比，女人对声音的感觉要敏锐得多。她们爱听什么样的声音？一项名为“声音和魅力”的研究表明，女性喜欢的声音是“愉快的、音色要低、有抑扬顿挫，但音调别变化太大”。换句话说，你的声音要有表现力，但不能过火。显然，你不想装出一副跟平常不一样的声音。多想想悦耳、热情、自信的感觉。想想“我喜欢你，我想了解你这个人”。[66]

此时，如果你的外表通过考核，声音也足够好听，说出来的话也舒服得体——换言之，你正确地完成了上述三个步骤，那一切都非常顺利。现在，到了自如地跟她聊天的时候了。你会对喜欢的朋友说什么，就对她说什么。再强调一遍，避免提及私人话题。在谈话中，你要注意她的身体语言，好判断你做得怎么样。

合同条款 38：我的搭讪三部曲 ♂

当我想去认识一位女士，却没有人介绍的时候，我会按照上述的三个行动步骤去做，并且格外留心我说话的声音。

男士专用____________________________

秘密 11

如何下台阶

现在，假设你主动去搭讪了，可惜她（或他）拒绝了你。先生们（女士们，你们也一样），为了顺利下台阶，我建议你们预先准备几条“狡猾”的下台阶宝典。遭遇拒绝之后，如果你能又快又酷地说上一句恭维话，保住面子就容易多啦。

展现更多磁力！

如果你预先准备几句恭维话，或是礼貌而幽默的“台词”，你就会更有勇气主动接触合适的陌生人。一句狡黠的回答，又说得非常圆熟老道，往往能够把早期的“不”变成最终的“是”。

比如，如果她说，“不好意思，我有男朋友了。”你就说，“那他真幸运。”

她说，“我现在不想跟人说话。”你回答，“真是我的巨大损失。”

他明显表示出他不欢迎你过来。你就说，“把它当成恭维好了。”

她把脸转过去了。你可以和善地说，“哎呀，我忘了。让我回去把隐身衣脱下来，等你能看见我的时候我再回来。”

她当面笑话你了，你可以说，“你的笑容很漂亮。”

她咕哝着发牢骚。你和气地说，“我只会惹最漂亮的女孩子不爽。”

合同条款 39：聪明的“下台阶宝典”

我会预先准备几句恭维话，还有风趣的回答，万一对方拒绝了我，我可以用它们掩饰尴尬。

秘密 12

追求也要讲创意

当然，竞争越发残酷、对手越发高明的时候，你的追求方式要更有创意才行。我给你讲一个我亲眼所见的追女故事吧，那手段太让人难忘了，一举赢得了全场最漂亮女孩子的芳心。随后，我们再讨论它背后的原理，以及你该如何运用它们。

使出这一招，你不一定非得变成《007》里的詹姆斯·邦德。你需要的只是想象力，还要知道野心勃勃的美貌女子的“心动按钮”在哪儿，这就行了。

几年前，我的朋友菲尔和我去参加一个派对。一眼看去，形势绝对不利于菲尔。他一个人也不认识，因为我们大多数人都是同一个健身俱乐部的会员。男女比例是二比一，而且男士们看上去都像是刚从男性健身杂志上走下来的似的。直到今天，菲尔都不知道健身房里究竟是什么模样。他是那种看《大西洋月刊》的家伙。

我得说，菲尔觉得大家的谈话很无聊。我们五六个人在热烈地讨论着自己最爱的食谱，小麦胚芽、黄豆、荞麦面之类的。（菲尔最爱的食物是猪排，还有加了大量黄油的土豆泥。）当一个长着施瓦辛格式二头肌和“海滩护卫队”式型男腹肌的男人开始吹嘘自己每天吃的啤酒酵母和酸奶奶昔的时候，菲尔有点坐不住了。

就在此时，门铃响了。派对主人打开门，门口站着一位……一位光芒四射的女神。她身高大约一米七多，亮得晃眼的金发垂到腰际，湛蓝大眼睛上的长长睫毛好像马上就要展翅飞走。

每个人都向她行了注目礼。就连高速公路上的车祸也不会惹来这么多人伸长脖子看。她引发的电力几乎有种致命的威力，男人们都兴奋得瞪大了眼睛，女人们嫉妒得眼睛眯成了一条缝。

派对主人首先把阿丽克西斯介绍给我们这堆人认识，男士们乐开了花，女士们气馁不已。她跟我们聊了起来，谈话内容渐渐地从营养、蛋白质和碳水化合物转移到了每个男人都感兴趣的问题——阿丽克西斯。她从哪儿来？她在纽约待了多久？她做哪一行？当然了，还有很多没说出来的潜台词：她名花有主没有？好让男士们心里有点希望。到目前为止，菲尔还没说过一个字。

阿丽克西斯带着加州女孩儿的魅力，微笑着大大方方地回答众人。她的小名是莱克西，来自加州的圣克莱门托，在纽约大约已经住了 5 年，跟一个女孩子同住在格林尼治村。她是个演员，在众多小剧院里演过戏，其中最大的是纽约市公共剧场。她到纽约没多久后就在那儿得到了一个角色。是的，从话音里能听出来，她还没有固定男友。

绅士们，请听好。知道了上述信息之后，你打算如何脱颖而出，引起莱克西小姐的兴趣呢？给你个提示。你的公文包放在衣橱里，里头有台笔记本电脑。

你可能已经猜到了。菲尔很清楚自己抓了一手烂牌，所以他说要出去打个电话。15 分钟后他回来了，而大自然的规律有条不紊地展现着——绝大多数女人都离开了，围着阿丽克西斯的男人数目却在不断增多。

菲尔耐心地等待机会。他没有贸然插话，而是等到了一个谈话空档，然后不慌不忙地问了阿丽克西斯一句：“嗨，跟乔·帕普一块工作，感觉怎么样？”

阿丽克西斯扭过头来，第一次注意到了菲尔。“呀，你认识乔·帕普？”她问道。

“我不认识，”菲尔诚实地答道，“但我认识一些跟他合作过的人。我听说他有点，嗯，对戏剧工艺的认识不算太深刻，很多演员不喜欢他。但是，在过去50年里，他无疑是美国戏剧最强有力的推动者之一。你觉得呢？”

“哦，是的。”阿丽克西斯温柔地说。菲尔的深刻见解勾起了她的兴趣。他渐渐地引导着谈话方向，从帕普“愤怒公牛”般的个性自然而然地转移到了那些跟他合作过的演员对他有什么评价，比如阿尔·帕西诺、梅丽尔·斯特里普、凯文·克莱恩，还有丹泽尔·华盛顿。

很快，菲尔和阿丽克西斯就肩并肩地聊起天来。其余的男人一句话也插不上，很快就嗅出了失败的味道，开始四散而去。阿丽克西斯和菲尔随后一同走到吧台旁，去加饮料。晚上散场之前，菲尔已经约到了阿丽克西斯，下周带她去看戏。

好了，你觉得菲尔是碰巧知道帕普吗？当然不是了。他对帕普一无所知，可网络什么都知道。那通所谓的“电话”，其实是菲尔上网去了，他飞速搜索了一下“公共剧院”，网页上就跳出了帕普，剧院的创始人和导演。在亚马逊的一本书评里，菲尔找到了需要的一切。尽管他一向喜欢戏剧，可我不相信菲尔之前知道“戏剧工艺”这个词，可这个词那么自然地从他嘴里说了出来，溜进了阿丽克西斯那美丽的小耳朵里。

当然，菲尔跟阿丽克西斯约会之前，又上网去学习了一番。他把要看的那出戏里里外外都搞清楚了——每个演员的细节消息，还有关于这出戏面临的困境的谣言八卦。他开始跟我侃起戏剧界的行话来，我之前从未听他说过：什么实验剧场、不夜街、即兴演出、新人展演、权益放弃，还有什么“草帽”（strawhat theatre，意思是“夏季剧院”——译者注)、“出生在衣箱里”(born in a trunk，意思是“出生在演艺世家”——译者注)之类的。那周，我准备去做演讲的时候，他甚至对我说了一句:“祝你摔断腿(break a leg，意思是“祝你成功”——译者注)!”

展现更多磁力!

你听见过这种话，“我去不了，我没衣服穿。”这话其实应该改成，“我去不了，我没话说。”人气磁石涉猎甚广，他们会什么都知道一点儿，这样一来，在任何场合下，他们都能如鱼得水。

看完戏去吃饭的时候，菲尔在美女面前当然不缺话题。这招显然见效了。他和阿丽克西斯约会了半年，直到她在加州得到了一个低成本情景喜剧的角色，向他提出了分手。有件事儿菲尔忘了查:当你的竞争对手不是“海滩护卫队”里的帅哥，而是一个想要像“海滩护卫队”般热门的剧集里的角色，此时该如何是好。

合同条款 40：寻找“心动按钮” ♀♂

我才不会光靠运气。我对某人有好感的时候，会事先做做功课，查找些资料，好占据“有利地形”。

秘密 13

他（她）不开心时该怎么办？

我的柏拉图室友菲尔只有一次真的冲我发了脾气。那时，他跟莱克西刚分手没几天。前一晚上，他就一副没精打采的样子。我忍住了什么都没说。我想，好好睡上一觉，他就会感觉好很多。

早上，菲尔照例在冰箱前头弄早餐吃：脆米麦片和一杯橙汁。我问他最近怎么了。

“喔，没事。”他一边说，一边把牛奶和橙汁从冰箱里拿出来。我很清楚他为什么不开心，我想，要是他把郁闷说出来，跟我谈谈莱克西的事情，会对他有帮助的。

“菲尔，行啦，我知道你肯定有事。”

“莉尔，我说了我没事。”他一边说，一边把橙汁倒进麦片碗里。我假装没看见，直到菲尔开始吃那碗泡软了的麦片。

他转身到水槽前去倒掉橙汁麦片的时候，我忍不住笑了。可那天早上，菲尔觉得没什么可笑的。

“让我心烦的，”他当我室友 8 年来，第一次冲我嚷嚷，“就是你没完没了地问我什么事。”

没完没了？没完没了？我才问了他两次而已啊。

但我后来明白了。对于男人来说，两次已经太多。随后，菲尔端着一碗新倒出来的麦片，另一只手拎着一整桶牛奶，躲到了卧室里。“哎，真失败，”我心想。真不敢相信我竟然干了这种事。我读遍了讲两性差异的好书，可我怎么这么傻？读到的东西我压根没记住——男人讨厌别人问他“怎么了”。他们希望自认为“一切尽在掌握”，什么都不表现出来。

那一刻我发誓，面对一个烦乱的男人，从今以后我只做一件事：让他知道我在他身边，想找人聊聊的话随时找我。我再也不会犯这个常见的错误：认为他跟我们女人一样，只要把问题说出来，就会好过一点。

姐妹们，我希望你们今后也不会这样做，所以，请签下下面的条款。

合同条款 41：让他尽情沉默去吧 ♀

不管是在家里还是在工作中，我以后再也不会追问男人，是什么让他心烦。如果他想变成一个沉默、暴躁、尖酸的抱怨鬼，我就随他去。我顶多说上一句，“要是你想跟我说说，我随时恭候。”我只说一遍，然后不再提起。

女士专用________________________________

先生们，请给全世界的女人们帮个忙。如果有件事正困扰着你，请尽量不要憋在心里，别暴躁、别任性，别变成尖酸刻薄的抱怨鬼。这些都太老套了。别回避问题。去找你的妻子、你的女友、你的女同事谈谈心。你向她们寻求帮助的时候，女人们会理解你，哪怕你只是把问题跟她们说说也行（除非这问题和另一个女人有关）。

展现更多磁力！

先生们，我知道你们不信下面这话，但是当你们跟女性分享心事的时候，你的“感性分”会增加。特别是你自信地用这种态度说出问题的时候：“跟你说个事儿，我想听听你的意见。”多久一次比较合适？一周一次足矣。

这对男人来说为什么这么难？这是因为，研究发现，遇到问题的时候，绝大多数男性要么会觉得尴尬，要么就会欺骗自己“我能搞定”[67]。会寻求帮助的人是少数，而且多半会去找同性的朋友。

表面看来，去找铁哥们和好兄弟们说说，像是个好主意。但不幸的是，人们已经证明，去找另一个男人寻求建议是最糟糕的做法。为什么？

因为你的铁哥们多半跟你一样，很不擅长给予或接受情感上的支持。毕竟，他这方面的技术也不怎么样啊——他从小接受的，也是男孩子那一套。他从未学过那些必备的本事，而对女人来说，这些简直就是第二天性。[68]幼儿园里，小姑娘们会围着哭泣的小朋友，努力给她擦干眼泪。小男孩们则心安理得地假装看不见同伴受委屈，任由那个小男孩儿嚎啕大哭。

此外，你的哥们可能不会认真看待你的问题，因为他觉得轻视问题就是保全你的尊严——比起解决你的问题来，他觉得这个更加重要。

如果你遇见了麻烦，却不跟女性说，这会损伤你们之间的关系。

一项名为“社会支持过程中性别角色期望的影响”的研究指出，“男性会采取间接的方式来透露内心的伤痛和挣扎……这是为了避免遭到拒绝、伤害及自尊。”[69] 这意味着，你们会采取一些真的很糊涂、古怪的做法，竭力压制问题。你觉得这是勇敢，可女人只会觉得你很固执。所以，拜托你们，有心事就跟我们说说吧。（我是说，偶尔为之。）

合同条款 42：不再当个一言不发的蛤蜊 ♂

有事让我心烦的时候，我会跟妻子、女友甚至是柏拉图式的女性朋友倾诉一下。我会谨记这一条：女人跟我们这些大男人不一样，她们喜欢这个。她们称之为“深度沟通”。

男士专用______________________________

她不开心时该怎么办？

先生们，请听好。如果她不开心，千万别以为她需要空间，想独自待会儿。她最不想要的就是这个。她渴望的是一副强壮的肩膀，和一双善于倾听的好耳朵——这两样都跟你有关。无论她跟你分享的是办公室，还是枕头，她都欢迎你上来问问，出了什么事。

在女人看来，向人求助丝毫不会伤及自尊，反而刚好相反。“压力大的时候，女人需要帮助是应该的。真正了解女性的男人会出手相助。他知道，她想要帮助，也感激他的帮助。”[70]

合同条款43：亲爱的，怎么了?

如果我的女性朋友、关系不错的女同事或是爱人心情不好时，我会主动问她是怎么回事。实际上，她希望我问！要是我不问，她会觉得我太粗心。

男士专用________________________________

秘密 14

他为何竟然不肯帮忙?

姐妹们，下面我要说的东西有点不好理解：如果他真的开口问你遇上了什么麻烦，你也告诉了他，可要是他认为这事你可以自己处理好，他的同情心就会跑个没影了。

让我从头说起。我们从小是从“呵护关怀”的氛围中长大的。我们玩洋娃娃，用小奶瓶给猫咪喂奶。可是，当小猫不喜欢塞到喉咙里的奶嘴，伸爪子以示不满的时候，我们会跑去坐在爸爸的大腿上，号啕大哭。研究者把这称为“情感表达”。因为我们是女生，这是可以允许的。

可是，男孩们的待遇就不一样了。他把猫儿惹急了，挨了抓的时候，爸爸告诉他，要为自己愚蠢的行为负责。“而且”，爸爸说，“男子汉，不哭。”

所以我们这些女人就不明白了。“为什么我们长大以后，男人不像爸爸那样有同情心呢？这是为什么？就是因为他觉得我们自己能搞定，他就生气了？这不公平！”（我们真正想说的话是“你为啥就不能像我爸那么好呢”，可咱不敢呀。）

多年前的一个周六清晨，我刚刚读完一本讲两性沟通的畅销书。那时候我正疯狂迷恋一个名叫比尔的男孩子，我的新年计划之一就是让他也疯狂地爱上我。那本书里说，能够帮助“金星人”（女性）会使“火星人”（男性）非常高兴。被人需要的感觉会提升火星人的男子气概，有时，爱的火花就这样产生了。他觉得，这是为他的公主杀掉恶龙。我想象着比尔的样子：身穿全副盔甲，胸甲紧紧地贴在身上，钢铁面甲遮住整个脸部，手握长矛，时刻准备着帮助可怜的受难公主。

唉，可我当时一点也没受难呀。事实上，我比任何时候都开心。我的工作处处顺利。我坚持了健身计划，对身体感觉良好。爱情生活倒是不太尽如人意，可我不能对比尔抱怨，因为我正希望他在其中扮演重要角色。因此，就像那出音乐剧《歌舞人生》（*A Chorus Line*）里唱的那样，我“在灵魂深处搜寻”，竭力想搜出点问题来。

可我真找不出哪里需要帮忙。因此，我这个狡猾的女人就捏造了一个问题。那天早上，我刚刚用一个名叫“迅结”的程序核对完了银行对账单，跟以前一样，一点问题也没有。可我心想，既然比尔觉得自己在财务方面精明得很，那这个机会肯定能让他大放光芒。我打开“迅结”程序，把已经核对好的几笔支出改了改，删掉了当月的利息和服务手续费，然后关上了它。当然，银行对账单也就无法核对了。然后，我像发脾气似的，把已付支票摊在桌子上，把整洁的对账单揉皱放在桌子中间，以示内心的沮丧和挫折。然后，我又刷了一层睫毛膏，等着现代的兰斯洛特骑士前来救美。

听见比尔敲门的时候，我最后一次用胳膊横扫了桌子，彻底把支票弄得乱七八糟，然后又往镜子里瞟了一眼，做出完美无缺的、落难公主的甜蜜表情。

“莉尔，怎么了？”看见我沮丧的表情，他的第一句话就是这个。（到目前为止，一切顺利。）

“唉！比尔，银行对账单弄得我烦死了。有几个小小的问题，你能不能帮我弄弄？”

他笑了。（万岁！见效啦！）

我做给他看：我是怎么计算收入的、支票在哪里，甚至还有现金提取情况。他看了一眼，说，“一开始你就忘了把利息算进去，也没扣掉手续费。”

“咦，”我心想。“听上去，他不像我预想中那么开心嘛，保护人的感觉也不够呀。”好吧，或许他只不过是在掩饰内心深处的满足感。

“还有，天啊，莉尔你是怎么搞的，你把两张支票的数目弄混了！你怎么会干这种傻事？”他一脸不耐烦，“你难道有阅读障碍吗？”

然后他站起身来，指着那几项说，“把这几个地方改一改，我肯定结果没问题。我现在下楼去车里等着。你弄完了就下来。”

“比尔，比尔！”可是，他已经走掉了，还有点气鼓鼓的。“谢谢你帮我解决问题，”我追着他喊。

“你要是细心点，就不会出这种事了！”他喊了回来。

这下我可生气了。“你个大蠢驴，”我真想骂一句，“我这么费劲地搞出个问题，好让你当回英雄，你还冲我发脾气。”我打心眼儿里认定，他不应该生气。

请你来评评理

如果咱们把这事拿到法庭上，比尔的律师会这么说：“陪审团的女士们、先生们！正如你们今天看到的证据，莉尔小姐对我方当事人犯下的罪行是经过事先预谋的，而且动机不明。她的行为包括：撒谎、篡改数据，并且企图隐瞒。我方当事人生气是完全正当的。”

我的律师对陪审团的总结陈词是这样的，“陪审团的女士们、先生们！对方律师已经描述了此事的大致框架。但请各位注意，此案跟莉尔小姐造假毫无关系。对方当事人发火的时候，他根本就不知道这

事是莉尔编出来的。今天庭上唯一的问题就是，凭我们今日对性别差异的了解，比尔应当对她的错误生气吗？”

此时该你这位专家证人出场了。你是两性差异方面的专家，很了解特定场合下男性和女性的典型反应。

宣誓过后，你给出了确定的说法：一般来说，如果男性看到自己关心的女性遇到了麻烦，而这个麻烦也是自己能够解决的，那么男人的确愿意帮忙。你又进一步确证说，“比尔该不该生气”是核心问题。

你身为男女思维方式差异方面的首席专家，你会给出怎样的证词，来证明比尔的气愤是正当合理的呢？他的气愤到底是不是合理呢？当你在解说男性和女性之间思维差异的时候，法庭上安静得连针掉在地上的声音都能听见。陪审团在屏息细听。

陪审团离场去做决定了。回来之后，陪审团主席发言道：“法官大人，我们一致裁定被告有罪。您应当把莉尔关起来，把钥匙扔掉。”

你到底说了什么证词，导致了这样一个结果？你告诉他们，莉尔忽视了男性心理中至关重要的一点。考虑到他的性别，比尔有足够的理由生气——因为这位女士显然能够自己解决这个问题，却请他来帮忙。

此处的关键词是“她显然能够自己解决这个问题”。如果问题真的很难搞定，或是需要某种他显然更胜一筹的能力，比如要干力气活，男人是不会生气的。《个性杂志》（*The Journal of Personality*）报道说，如果某人犯了一个本来可以避免的错误，那么男性既不会指望此人会得到帮助，也不会伸出援手。[71]（当然了，如果犯错的是他们自己，他们肯定不愿让你提起这事儿。但他们本来也没指望得到同情。）

作为专家证人，你对陪审团解释说，“当比尔是个小男孩的时候，他擦破了膝盖哇哇大哭时，没有人告诉比尔说：‘你好可爱啊。’自从4岁起，就没有人会亲亲他的小伤口，再贴片创可贴。他必须要像个男人一样处理这些事。但是小女孩就不一样了。她们会被人抱在怀里，宠了又宠。妈妈会把小丫头的眼泪擦干，亲吻她。”

姐妹们，这并不是说你以后遇见任何问题都不能找男人帮忙。如果那真是个棘手的问题，他会很高兴帮你的忙，而且感谢你信任他。我曾多次见过男人脸上隐藏起来的笑意——当你请他帮你拧开旧指甲油的瓶盖，或是请他在地图上给你指路的时候。为什么？因为他知道，他力气比你大，认地图的本事也比你强。

但是，如果这个问题你本来可以自己解决，却找他帮忙，那结局就不一样了。女士们，假如你的车钥匙找不到了、车库门忘记锁了，或是穿了漂亮的小鞋子出门，现在因为脚痛，不想从餐馆走到电影院去了——这些有什么大不了的啊！（我全都干过。）但不幸的是，他还真会小题大做。

“你怎么会找不着车钥匙？不就在这儿吗？”

“你忘了锁车库门！你知不知道我那辆新赛车要多少钱啊？”

“我都告诉你几百遍了，穿舒服的鞋出门！”

展现更多磁力！

姐妹们，他或许并未意识到这一点，但他的确是这样想的——你应该像男人那样，自己吸取教训。别伤心。让他训两句好了，平静地接受。向他保证你会改，然后别把这事儿抓着不放。就让它像条滑溜溜的肥皂一样，从你手中溜走吧。否则，他就懒得再抓住你，任凭你溜掉。

有时候，他们不会训你。你抓狂地找钥匙的时候，他们只会傻了吧唧地站在那儿。（“他怎么就不能帮我找找呢？”你抱怨着。你以为他在想，“这没脑子的，什么东西都找不着。”其实不是这样。更有可能的是，他的心思早跑到爪哇国去了，想着昨天的球赛呢。）或者，他会让你大半夜地裹上睡衣，下去锁车库门。或者，他会让你光着脚丫，从餐馆走上五个街区去取车子，反正是你自己要穿挤脚鞋子的。你在想，“什么人啊！他就不能帮一回忙吗？就算是我忘了，他就不能去锁一下车库门吗？他就不能英雄一回，自己去拿车，然后过来接我，让我酸痛的脚休息一会儿吗？”

不幸的是，男人们真心觉得，接受教训对你有好处，就像他小时候学到的那样。去接受教训吧——希望我这么说的时候，听上去没有“叛徒”的感觉。像个男人一样，接受教训。不过，这教训不是锁车库门，也不是换鞋子，而是在生活中如何与男人相处，让他更爱你！

合同条款 44：就让他训两句好了 ♀

他因为一些无足轻重的小错误训我的时候，我不会生气。这不是他的错。他忍不住，是因为他从小受到的教育就是这样的。我会用心听着，然后说，“你说得对，以后我会小心点。”然后我俩都把这事抛到脑后。

女士专用____________________________

秘密 15

亲爱的，你会怎么做?

先生们，你们向女性寻求忠告的时候，也要付出点努力才行，好让你们的关系更为融洽，爱情更为甜蜜。最近的某些文学作品在这个问题上的看法过于黑白分明了。没错，男人希望被人需要，女人希望被人呵护，但也有交叉的部分。有时男人心中也会高喊，“我希望得到呵护，”女人有时也希望被人需要。

当今世界已经客观地接受了这个事实：说到辨别人际关系中的微妙之处，女性比男性的感觉更为敏锐。男生们，别觉得不好意思。女孩子在这方面的经验比你们多多了。看看幼儿园里的情形你就知道了。小男孩们在房间各处玩着乐高、字母积木、靠垫、玩具卡车。小女孩们扎堆成群，一起用蜡笔画画，捏橡皮泥，玩洋娃娃，给别人梳头，为小伙伴擦眼泪。意见不合的时候，她们更愿意妥协，而不是打上一架。

《性别角色》(*Sex Roles*) 杂志中刊登的一项研究指出，“小男孩喜欢争斗性更强、更混乱的游戏，还喜欢有功能性、单打独斗、戏剧化、探险式的游戏……而小女孩则创造出更为平行、更有建设性的游戏，彼此交流也更多。”[72]

展现更多磁力！

既能赢得她的心，又能让她不认为你是个铁石心肠，你该怎么做？最好的方法就是：听听她的意见，并且全心认可这件事——上帝在造女人的时候，在“敏锐程度”上，多给了她们一点DNA。

所以，把这两个事实加在一起：女人也希望被人需要；处理人际关系问题的时候，女人确实比男人强。先生们，你们有什么结论？

如果你的回答是，“在某些人际关系的问题上，听听她的意见”，那你就答对啦。

不仅仅是拍马屁

向女性寻求建议，这不仅仅是哄她开心而已。你既可以得到一些有价值的意见，又能成为一个富有同情心的领导者。比如说，你是大公司的中高层管理人员，而你必须要炒掉某个员工。这可不是什么好活。但我敢肯定，你的女同事中肯定有人知道该如何让局面变得没那么难堪——对你和那个不得不走人的倒霉家伙都是如此。

我在前面曾提到过一个女性领导力会议，里面就有一个关于招聘和解雇的研讨会。每一个与会者都曾遇到过这种令人心碎的任务——不得不炒掉某个员工。

当时有20个参加者，15位女性、4位男性，还有一位是主持人。我们一个接一个地谈论着解雇员工的经历。

每个女人都提出了更为温和的做法，比如带那位员工去吃午饭，或者允许那位员工在办公室再多留几周以方便找新工作，甚至是出面替这位员工打几个电话，帮忙找工作。有一位女士由于公司预算大幅削减，不得不解雇一位优秀职员。结果她替这位员工开了个小型的欢送会，给这位员工留足了面子——她告诉众人说，这位员工找到了更好的工作，所以主动辞职了。

四位男士是怎么做的？每人都在周五下午干脆利落地宣布了消息。说的话令人非常吃惊，“查利老兄，我讨厌这么做，可我不得不解雇你，因为……（说出原因）。你最好在周一上午之前收拾好东西。”从在场女士们冰冷的表情中，我能看得出来，那天大家对几位男士都不怎么热情。

先生们，当你们高效率地处理问题时，的确能赢得女性的尊重或爱情，但你们得处理得有爱心才行。如果在解雇查利之前，这些男士们哪怕咨询过一位女同事的意见，他们也能收获几条好主意——如何在不过分打击别人的情况下解雇员工。

当你面临牵涉到他人情感或自尊心的棘手问题，而不知该如何是好的时候，像个男人似的处理问题，会让你显得粗鲁又残忍。

合同条款45：听听她的建议 ♂

遇到跟人有关的问题时，我会向办公室里（或生活中）最聪明的女性寻求帮助。这不仅会让我们的关系变得更好，没准我还能得到个实用的好主意呢！

男士专用______________________________

秘密 16

我抱怨的不是你

女士们，离开实验室之前，咱们应该再趴到显微镜上多看一眼，看看男人大脑里的神经元。有个事实是众所周知的，咱们却没认真想过：男人（上帝保佑他们）真的认为他们应该为我们的幸福快乐负责。

我们抱怨某事的时候，他觉得他有责任。无论我们怎么解释，比如说“哦，这么想可真傻”，或者是“亲爱的，这不是你的错”，可他就是觉得是自己没做好。当你抱怨某家餐馆饮食不好吃的时候，他会觉得失败的大厨、服务生和勤杂工加起来变成了一个人——他自己。你不喜欢那部电影？突然间，他觉得失败的导演、演员、灯光师、音效师、化妆师加起来变成了一个人——他自己。

有一次，我跟一个极好的男士去看了一场极差的电影。刚认识的时候，我们很快就谈得特别投机（或者我认为是这样）。有幅画面在我头脑中闪过：若干年后，我俩坐在壁炉前，狗儿卧在我们脚边，孩子们顽皮地扯着我的毛衣，戳着他的报纸。

看完电影去吃饭的路上，我像个奥斯卡评委似的，跟他讲着观影感受。那部电影讲的是伊丽莎白时代的事情，可我敏锐的眼睛分明看见男仆手腕上带着腕表。（他会明白，我是多么注意细节啊。）我批评那城堡装饰得过于浮华。（当然，他应该认识到我的设计天赋，我可以装修未来的家呢。）

到了餐馆之后，我激动地发现，他对红酒很有研究。我从他肩头瞄向酒单的时候，告诉他，我知道这些都是二流货色，免得他以为我不懂得杯中奥妙。当我们从长笛型的酒杯中啜饮红酒的时候，我文雅地叹道，应该用圆身玻璃杯的。（当然，他会意识到，我会是个多么出色的女主人呀。）

晚餐乏善可陈，服务也很糟糕。为了让他知道我有鉴别能力，我把这些想法都跟他说了。“可谁在意这些呢？”我一边说，一边忽闪着涂了睫毛膏的长睫毛，“关键是跟谁吃饭，而不是吃什么。”

在我看来，那天的电影里没有大明星，餐馆也就是一星水平，可我们的约会绝对是五星级的。到了我家门口，我故意磨蹭了一会，以免错过他揽我入怀、诉说永恒之爱的幸福。他什么都没做，我冲他微笑——他想用绅士风度给我留下深刻印象呢——然后理解地捏捏他的手，悄声说“晚安”。

进入幸福梦乡的时候，我有点期待着电话铃响起来。希望他来告诉我，我们度过了一个多么美好的夜晚，什么时候能再次见到我呢？下次呢？再下次呢？

展现更多磁力！

你才是最重要的。如果电影不好看，晚餐不好吃，一笑置之就行了。告诉她，下次你会让她挑选电影和餐馆。（潜台词就是“会有下一次的”。绅士们请听好了，喜欢你的女士总是会想这个问题的哦。）

那天晚上电话没响。第二天也没有。第三天也没有。他再也没给我打过电话。我怎么会知道，他觉得自己就是那个烂导演、破大厨、傻服务生呢？那年头还没有人研究两性差异的话题，没有人写这么些畅销书呢。而且我也没聪明到那程度，能自己领悟到这个道理——就算男人同意你的那些批评，他还是会认为，你失望，是因为他不够好。

合同条款46：“你让我好开心” ♀

我会谨记一点：对于我表达出来的情绪，男人会觉得那都是他的责任——如果他没法解决，他就会觉得很失败。因此，以后我向男人抱怨之前，一定会三思而后行。我会把那些抱怨留着，跟闺蜜们聊天的时候再说。因为她们会理解，这不过是说说不满而已，说完了就忘了。

女士专用＿＿＿＿＿＿＿＿＿＿＿＿＿＿＿＿＿＿＿＿

先生们，万一遇到了难看的电影和难吃的晚餐，你该怎么做呢？首先，尽力从这几十年的性别教育里跳出来，不要觉得这都是你的责任。你要明白，十有八九，她并不是在责怪你（这跟你从小学到的不一样，是吧）。同样，十有八九，她答应跟你约会，是因为她想跟你待在一起，而不是因为她想看那个凶杀电影片花之后的年度十大烂片，然后去那家新开的餐馆吃鞑靼章鱼，喝劣质红酒。此外，如果她对性别模式很敏感的话，她会担心你觉得这些都是你的责任（你的确有这个傻念头），而且为了这个以后不想再见她。所以，跟她保证没这回事吧。

当然了，如果电影很好看，晚餐很好吃，她会更开心，但这都是小事。

下面的话很重要：在你灵魂深处搜搜看，说句有创意的恭维话——越有诗意越好。女人爱听好听的。

合同条款 47：“跟你在一起最重要” ♂

我会谨记这一条：在女性看来，我们的相处才是最重要的，不是电影，也不是晚餐。无论约会的活动有多糟，我会给她个热烈积极的评价。例如，看过一个大烂片之后，我会这么说：“真不好意思，电影真烂，可跟你一起看，烂片也变成好片了。”（是的，女人喜欢诗人！）

男士专用____________________________________

秘密 17

用甜蜜的话语俘获芳心

先生们，夸张而诗意的恭维话不光对听的人有好处，对说的人也有好处。在女人看来，掌握这种艺术的男人是无法抗拒的。人们为什么都觉得意大利男人特别性感？是因为他们身材高挑、皮肤黝黑、相貌英俊吗？首先，从平均身高来看，意大利男子比美国男子矮。他们肤色更黑？绝大多数是的，但黑色并不是最受推崇的颜色。更英俊？他们跟美国男子差不多。

是他们的床上功夫更好吗？在我那些跟老外和本国人都交往过的女朋友们看来，事情并非如此。

那为什么女人都对意大利男人趋之若鹜？

我“很不幸地”发现了缘由。我在游船上做导游的时候，船上的服务生都是意大利人。我的餐桌很大，靠近餐厅正中间。我经常邀请单身旅行的客人来跟我一起吃饭。

每周伊始，航行的第一天，服务生都会装作差点打翻了餐盘的样子——因为跟我同桌的单身女客太漂亮了，吓着了他。

“哦，小姐，今晚我能为您做点什么呢？能够为您这么漂亮的女士服务，这真是我莫大的荣幸。”一般来说只消这些就够了。女乘客会心甘情愿地上钩。整个旅游季节中，只有一位女士看穿了他们的把戏。“省省吧你，”她嘟哝道。于是第二天晚上，服务生就换了个目标，继续恭维别人去了。“惊艳大发现”之后，服务生一般会转向我问一句：“莉尔小姐，你从哪儿找来这么一个 bellissima donna？”（我真想说一句，“闭上你的鸟嘴。你心里清楚，每次你都会挑一个。”）如果晚餐刚开始的时候，她还不明白 bellissima donna 就是“大美女”的意思，那么一餐结束时，她肯定也知道了。因为他会极其清楚地给她暗示。她每点一样菜，他就会说一句，“benissimo”，意思是“您太会选了”。通常，服务生和上菜小弟会做出扭打状，争相给大美女添水。要是她碰巧掉了餐巾或叉子，服务生会一个箭步冲过来，把东西捡起来，然后蹲在她身边跟她说话。

这一切都很恶心，可真管用！我都不敢想象，有多少 bellissima donna 下船时，旅行箱里塞着撕破的睡袍，脸上挂着满足的微笑。她们畅想着未来的日子——在意大利，跟名叫吉安卡洛、弗兰格、罗伯托、马可或翁贝托（这些都是典型的意大利名字。——译者注）的帅哥生活在一起。

展现更多磁力！

你明白我的意思。无论你是告诉新女友她有多美，还是告诉结婚 50 年的太太你有多爱她，请用诗一般的语言或音乐般的韵律告诉她。热情洋溢地表达你的感情。不管效果多笨拙，她会接受你的用意的。

唯一的问题是，吉安卡洛、弗兰格、罗伯托、马可，或者翁贝托再也不会给她们打电话了，因为下一周他们又在我的桌上发现了新的大美女。而你试过往船上打电话，找吉安卡洛、弗兰格、罗伯托、马可，或者翁贝托吗？船上几百个服务生都是这些名字！

我下船的时候，不止一次在码头上看到，两位 bellissima donna 站在码头上等待同一个吉安卡洛、弗兰格、罗伯托、马可或翁贝托。而他们则竭力隐藏在人群中，以免被人发现。

悲哀啊，但这是真的。可是，先生们，你们该从这悲伤的故事中学到什么，给她一个幸福的结尾呢？很简单，学着夸赞你的爱人吧。极有可能你比餐厅里绝大部分登徒子都英俊。你很可能更聪明，教育程度更高。而且，在对待女性的伦理道德方面，你绝对比他们强。可是，有个重要的本事你没学到——给话语里添点诗意，你能牢牢地俘获她的芳心。去租来那部意大利电影《事先张扬的求爱事件》（*Il Postino*）来看看。找本女性浪漫小说来读读。找几首英文诗来念念……

“我是怎样地爱你？诉不尽千言万语……”

“我的爱人啊，你好似一朵红艳的玫瑰……”

“同栖一处我心爱，共享欢乐畅心怀。”

合同条款 48：诗意的爱 ♂

我会用诗一样的语言告诉女友或太太，她是多么漂亮，我有多么爱她——每天至少一次。

男士专用＿＿＿＿＿＿＿＿＿＿＿＿＿＿＿＿

秘密 18

请理解他的沉默

有天晚上，看完 2 频道的新闻节目后，我想去看有线台 41 频道的节目。反正我也没什么事儿，就一个频道一个频道地按过去。（多好的理由啊，可以飞速瞥一眼那些漂亮养眼、却没有人承认自己看过的电视剧，比如重播的“海滩护卫队”什么的。）换到了 27 频道，我看见罗伯特·米彻姆心满意足地窝在扶手椅里看杂志，旁边是撅着嘴的简·拉塞尔。我是这两位已故明星的粉丝，所以停下来看了一会儿，弄明白了大概意思。简不高兴是因为老公罗伯特对她不够关注。这部 1951 年的电影叫作《热情如火》（*His Kind of Woman*），说实话，真是个烂片。

我继续不紧不慢地换台。我停下来看了一会重播的剧集《全家福》（*All in the Family*）。剧中人伊迪丝·邦克正在耍她的小花招，吸引丈夫阿奇的注意力。这位丈夫呢，安静地坐在一边，眼睛盯着电视机。终于，伊迪丝恨恨地说话了（阿奇吓了一跳），“你现在都不理我了。”这话逗得观众一边大笑一边鼓掌。（当我们意识到真实生活中的搞笑真相时，就会有这种反应。）

我接着换台，结果找到了重播的《我爱露西》（*I Love Lucy*）。露西·鲍尔（正对她戏里戏外的老公德西·阿内斯抱怨，他俩都没有沟通。她控诉说，他跟谁都有话说，可就是不跟她说。

“可是露西，我把心里想的全都告诉你了啊。”大笑，鼓掌。（重复一遍：当我们意识到真实生活中的搞笑真相时，就会有这种反应。）随着剧情的发展，事实的确如此，他显然把他认为重要的东西都告诉了她。只不过是，他跟绝大多数男人一样，觉得并不是每个想法都重要，都值得一说。可露西则像绝大多数女人一样，很喜欢漂浮在老公的意识流上，任意飘荡——无论他认为这目的地重不重要。

我也想起了重复出现的场景：有无数次，我跟一位男士共处的时候——无论是跟约会对象一道吃晚餐，还是在派对上跟男性朋友在一起，或只不过跟男同事同路——我总是觉得两人必须说点话才对，因为要是我们没有说话，我就觉得哪里不对劲。除非我们在交流想法，否则我就会觉得，我们相处得有问题。

简·拉塞尔饰演的角色跟我有同感，阿奇·邦克的太太、露西也与我有同感。我敢肯定，全世界的女人中，希望男人与其多些交流的绝不止我们四个。

第二天，在北边的一个小镇里，我的猜想得到了证实。我去找全国最棒的美甲师辛迪修指甲。她还有一重身份，就是镇上的八卦记者。她信誉好得很，从来不透露人名，可她根本就是个广播电台，每隔一小时就换个新听众。（我告诉她，要看国际新闻，我就看纽约时报；想知道全国新闻，我就看电视；想知道当地新闻的话，我就找她。她听了这话非常开心。）

我坐下，伸出十个咬得像狗啃过一样的指甲给她审查，然后是我亘古不变的开场白，“辛迪，有啥新鲜事？”

她的回答照例是五个字的序曲（这预示着最新最热辣的当地八卦就要上场了），“没啥可说的。”

现在，为了得到本地最新消息这颗珍珠，你根本用不着拿蛤蜊钳子去撬辛迪。你只需要来一两句鼓励的话就行了。“噢，辛迪，说说吧。我已经有一个月没在家了。大家都在议论些啥？”当然，在辛迪的美甲美发世界里，“大家”二字就等于女人。

“嗐，还不是那些破事。”她回答。然后，长达半小时的新闻节目和老公抱怨会就开始了。“她们抱怨天气不好，老公整天忙工作，不跟她们说话，特别是那些年轻太太们。她们郁闷得要命，她们说，约会的时候一个个都挺能说的，现在都变成闭壳蛤蜊了……”

这就是我要的证据！从 1950 年，直到新千年，女性一直在抱怨男人的沉默寡言。我跟辛迪开玩笑说，滔滔不绝的王子都变成了只会咕噜的青蛙，而不是相反。

“不，不是青蛙，”她说。“如今的新娘子们早上醒来，发现英俊的王子都变成了蛤蜊！”在我听力所及范围内，所有的美甲师和顾客都欢呼起来，证明她言之有理。（重复一遍：当我们意识到真实生活中的搞笑真相时，就会有这种反应。）

究竟谁的话更多？是男人还是女人？假设你正在参加智力竞猜，演播室里的观众都屏息凝神，主持人发话了，“现在是百万大奖环节，你认为……是男人比女人话多，还是女人比男人话多？或者一样多？”

先别往下偷看！

如果你猜的是男人话更多，你现在就是百万富翁了。在“谁的话更多”这个问题上，人们做了不计其数的统计，没有一个结果能证明女人的话更多。

那么，为什么女人要背上“叽哩哇啦不停嘴”的黑锅呢？有些人认为，这是陈旧观念在作祟——男人一向认为，女人（就像小孩一样）应该只露面，不说话。所以当她们真的开口讲话的时候，某些男性听众就觉得她们说得太多了。[73] 另有些人认为，这应归结于一个事实：女性会更多地谈论人、情感和人际关系。[74] 因为家里更适合议论这些

"软性"话题，所以看上去往往是女人更能说——在家里确实如此。可在工作中男性就赶上来了。在"每天说话的量"和"说话时间"这两项上，男人都大大领先于女士。[75]

展现更多磁力！

你的太太/女友/并没有你想得那么难伺候。今晚就开始使用"关爱一分钟"方法吧，你会看到她有多开心。你每一天展现出来的这些"迷你版"的第一印象，累加起来就会塑造出一个好男人的形象——你关心她生活中的细微琐事。亲爱的先生们，女人是非常喜欢这种感觉的。

从另一方面来说，男人更喜欢谈论商业、金钱和体育。金钱和商业跟他们的工作直接相关，所以他们爱说这些。体育呢？体育是男人之间建立情感关联的重要方式。

此外，说话对男人还有另一层含义。对他们来说，这是一种吸引别人注意他们和他们的观点的方式——这算是某种类型的竞争和征服。当男人工作的时候，他在竞争更高的职位。当他跟哥们在一起的时候，他在竞争谁是大哥。当他约会的时候，他在竞争你的芳心。可一旦到了家，回到了幸福婚姻的怀抱，或是跟另一半惬意地窝在一起，他觉得没有必要去竞争了。结果就是，男人变成了心满意足的蛤蜊。

妮可的疑问

我有个朋友叫妮可，是个非常漂亮的女孩，男人们都围着她团团转，就像蜜蜂见了蜜一样。她是我一个客户的女儿，认识我之后，她就非正式地把我当成了干姐姐。尽管男人们都觉得妮可的魅力难以抗拒，可她回绝了绝大多数人的追求。事实上，妮可是个很挑剔的女生，极少和求爱的小伙子发生亲密关系。但是，迪米特里的待遇就不一样了。

一遇到迪米特里，她就知道真命天子来了。他身材高挑，肤色黝黑，而且非常非常温文尔雅。迪米特里出生在美国，可他爸爸是希腊船业大亨，全世界他都走遍了。还不止于此，他还酷爱读书，涉猎广泛，任何能引起妮可兴趣的话题，他都很精通。

但是，妮可告诉我，迪米特里最好的一点就是，他特别懂得女人心。他俩约会半年了，他带着妮可去看了两场话剧、一场歌剧、六场电影、一场芭蕾表演，去了不计其数的精致餐馆。每次他来接她出去的时候，都会带一束鲜花。“这小子真会追女生！”她说。我敢肯定，他俩已经走在一条美丽的小径上了，在尽头等待的，正是婚礼的圣坛。

不知道是妮可在欲擒故纵，还是原则大过了激情，我不知道，也没过问。可六个月过去了，她还没跟迪米特里发生过什么。

有个周日的下午，妮可哭着给我打电话。抽泣的空当，她把一切都告诉了我。“恐怕我跟他完了。他不再对我感兴趣了。他肯定不会再给我打电话了。”

“哦，妮可，真不幸。出什么事了？”

她招认说，前一天晚上她邀请他来家里待会儿。说到这儿，她夸张地停了一下，然后支支吾吾地加了一句“待了一夜”。她认为我应该明白她的意思，当然，这话就像剥香蕉一样容易理解。

“噢，不是的，他棒极了，”她啜泣着，“我觉得我也不错，”她又补了一句，（她大概以为干姐姐怀疑她诱惑力不够强吧。）“所以，今天早上我问他想不想吃点早餐。他说，‘那太棒了。’可是……可

是……可是我给他煎蛋卷的时候，他竟然从门口捡起报纸，走到客厅里看了起来！”

“如果这还不算太过分，”她抽着鼻子，“那么我真不敢相信，我把煎蛋端过来，准备坐下跟他一起吃的时候，他竟然还抓着报纸不放！”

“我问他煎蛋好不好吃，他笑着说，‘好吃，真好吃。’然后他又低头看报纸了。莉尔，我不敢相信。我盯着的不是男朋友，而是报纸背面。肯定是因为昨天晚上的事儿，他讨厌我。他是不是觉得我特别贱啊？是因为他是希腊人吗？”她绝望地问着，“是不是因为他得到了想要的东西，就不再对我感兴趣了？”

听上去，尽管迪米特里顺利地通过了体能测试，但口试还稍差一点。当然了，他本该更了解女人的，在早餐时分应当热情地跟她说说话。但是，既然他没这么做，那干姐姐就得给妹妹讲讲人生真相了。她很清楚这跟蜜蜂和小鸟没关系，问题出在“蛤蜊”身上。

我尽力给她解释。对于很多男人来说，说话是为了赢得某些东西，比如赢得争论、赢得老板或同事们的尊重、赢得女人芳心。[76] 等到他感到彻底放松和自在的时候，就没说话的必要啦。在不少男人看来，人生就像脱口秀，他说出来的每一句话必须是对的。但那是在工作的时候！等到他跟爱自己的女人待在一起的时候，他就可以幸福地放松下来，闭嘴不说话了。

“妮可，”我说，“迪米特里在早餐桌上看报纸，这极有可能暗示着，他跟你待在一起的时候是彻底放松、非常自在的。”

我说话的时候，电话那头的眼泪好像渐渐少了，电话也不再短路。我想她渐渐明白了。

顺便说一句，妮可的故事有个非常圆满的结局。现在她的名字很希腊，叫作妮可·斯特凡诺普洛斯。

关爱一分钟

“哎，这不赖嘛，”我能听见绅士们的话。“太好了。我一心想埋头看报纸的时候，她再也不会问，‘今天过得怎么样啊？’我只不过是挠挠头的时候，她再也不会问，‘有烦心事吗，亲爱的？’我一门心思想着工作问题的时候，她再也不会说，‘你都不理我了！’而且，最好的是，她再也不会说，‘你在想什么啊？’万岁，万岁！”

还没这么快，兄弟们。没错，上面的福利你们都能得到，可你们也要做点事。我告诉你一招，每天让你花不了15分钟，就能让她觉得你比罗密欧还强。你能让她非常非常开心——无论是在浪漫情感上，还是在床笫之间。（当然，你也会收获床笫之欢。）

你给人的第一印象很重要，你同意这个说法吗？我敢肯定，你一定同意。可那句老话只说对了一半：“你不可能有第二次机会，去给人留下绝佳的第一印象。”尽管你不会再有机会留下“严格意义”上的第一印象了，可你有成千上万次的机会，在她每次看见你的时候给她留下个好印象。当你或她走进房间的时候，发生的第一件事会在她心里留下长久的印象。

以下的秘笈能让你给她留下这种印象：你不是个沉默寡言的蛤蜊，而是一个爱她、对她感兴趣的好朋友、出色的另一半，或者好老公。我称之为“关爱一分钟”。做法很简单：你跟她分开了几个小时，再见到她的时候，就拿出几分钟，把注意力百分之百地放到她身上。

细节如下：

八分钟：如果你们俩分开了8小时以上，比如上班或出差，再次见到她的时候，拿出8分钟全心全意地跟她相处。放下公文包、行李、报纸，跟她说说你这一天是怎么过的。问问她怎么样。务必加上一个

亲吻，或是一句“我爱你”。

五分钟：如果你们分开了半天或 5 个小时，见到她时拿出五六分钟跟她闲聊几句，别忘了说点好听的。

两分钟：如果你们只是两三个小时没见，那就起码拿出两分钟来全心全意对待她。

一分钟：如果你们只分开了一小时，那就至少拿出 60 秒。

合同条款 49：他沉默也没关系 ♀

我今后再也不会误解他了：他只不过是没跟我说话，并不意味着他正心烦。我会让他安心享受宁静，开心地去做我自己的事。

女士专用______________________________

合同条款 50：给她“关爱一分钟” ♂

跟我的女人每分开一小时，我就会抽出一分钟，全心全意地献给她。除此之外，就算我们没有分开，但每次她走进房间的时候，我都会冲她微笑，挤挤眼，来个飞吻，或是充满爱意地看着她。

男士专用______________________________

第 5 章　招募我的圆桌骑士

我衷心希望你用不着忍受我所承受的那种罪，愿忠诚的朋友和挚爱时刻伴你左右。一旦生活中出了乱子，你肯定希望能有支坚强的队伍前来帮忙，直到你重新站稳脚跟。

如果你有幸有个亲密无间的家庭，那你多半已经有了一个强有力的支持体系。但有些时候，就连他们的爱也不够。比方说，一个醉鬼撞了你的车（上帝保佑不会如此）。你伤得很严重，必须做个很少见的手术。家人当然会不遗余力地照顾你，可是，除非他们是医院系统的，否则他们多半找不到合适的专家，能让你焕然一新。（或是合适的律师，能帮你争取到应得的手术费用！）

在每个行业里，都有二流、合格、明星、超级明星之分。超级明星就是那些最博学的人。他们在会议上发言，为行业杂志写文章。最优秀的律师和外科医生是行业里的领军人物，在专业圈子里享有盛誉，外人却很少知晓。

你或许会说，“不会吧？如果我想找个医疗专家，我的家庭医生会给我推荐的。”“如果我想请个人身伤害方面的辩护律师，我的律师会为我推荐的。”这还不够！他们的病人或客户（也就是你）很重要，可对他们来说，更重要的是他们自己的家人和私人朋友。

如果你想找到最优秀的专家，只有这种答复是不行的：“把总机号码给你吧”或者“卫生组织不允许我们做出推荐”，还有“这几个都挺不错的”。你得有个圈里的朋友才行，这样你才能真正找到全国知名或世界知名的专家。

当地的超级明星也是勇猛的骑士。在你的家乡，肯定有极为优秀的牙医、会计师、银行家、旅行社、兽医、保险专家、消防员、政治家、猎头、记者、汽修师傅、医生、销售员。这些人都欢迎拿到你的业务。也会有些很亲切的超级明星：警察、政治家、邮局员工、消防员、记者、媒体名人。这些人都是优秀的圆桌骑士。

或许你仍然要说:“我讨厌搞关系。”可我敢肯定你不愿意说:“我讨厌跟我喜欢的人分享。”而且你肯定也不会这么想。别再把经营人脉关系跟谄媚拍马画等号了。把它看成是积极主动地寻找你真心喜欢的人。然后你们两个就可以分享上帝赐予的能力,从彼此身上学习,这样你就可以更好地照顾自己和心爱的人。

手法 1

破除对人脉关系的成见

很多人一听见“人脉关系”这个词就皱眉。下面这些评价我都听见过：

“搞人脉关系，就是变成个虚伪谄媚的马屁精，对任何可能用得着的人都溜须拍马一番。”

“搞关系就是假装喜欢某个人，这样就可以利用人家了。”

“我上周四试着去搞了一把人际关系，可是没搞成。”

“搞人际关系就是去讨好别人。”

人们对经营人脉有两个严重的误解。第一，他们认为这是自私的。第二，他们觉得跟陌生人打交道很不舒服。下面我们就来一一讨论。

由于一些人对人脉关系这个说法有成见，让我来给它换个新名字。“不就是个名字吗，有那么重要吗？”你会这么想。

那你去问问支持人工流产的人们，看见“反堕胎”这个词儿会有何感想。问问采取另类生活方式的人，“变态”感觉怎样。问问支持自由表达方式的人们，“色情文学”听起来如何。（请注意，我对上述词语没有任何价值判断的意思。我只是想证明“名字很重要”。）

我要把“人脉关系”这个名字，换成“与人分享你的才干”，或是简化成“分享”。这才是人脉关系的本质。经营人脉关系，就是与你喜欢的、新结识的人分享你的天赋和能力，也让他们跟你分享他们的所有。

展现更多磁力！

或许你仍然要说："我讨厌搞关系。"可我敢肯定你不愿意说："我讨厌跟我喜欢的人分享。"而且你肯定也不会这么想。别再把经营人脉关系跟谄媚拍马画等号了。把它看成是积极主动地寻找你真心喜欢的人。然后你们两个就可以分享上帝赐予的能力，从彼此身上学习，这样你就可以更好地照顾自己和心爱的人。

在分享中，付出和得到是等同的。往往付出还会更多。这有用吗？有用。这就像通过仰卧起坐、举重或跑步来锻炼身体、增强肌肉力量一样。有些人喜欢，而有些人不喜欢这个过程，但会对结果又惊又喜。

分享也是一样的。有些人喜欢跟别人交际、聊天，交换电话号码、电邮地址和名片。对那些不喜欢这么做的人，把分享看成是愉快的锻炼好了。它能够增强你的能力，让你现在更好地照顾自己和家人，也能应付日后任何突如其来的事件。

比如说，假设你的父母已经年迈，无法再住在家里。你绝对不想把爸爸妈妈送进一个一点不了解的老人院吧。但是，如果你曾经跟某个知识丰富的人分享过，比如老年保健护士，他或她就能给你提些建议，该请谁来家里照顾老人，或是给你推荐个有爱心又周到的机构。

老朋友搬到了你住的地区，想请你帮他们找房子？可你完全不了解租金或房价。如果你之前跟某位地产中介分享过，你和朋友们就很幸运了。看在你的面子上，房产中介会给你的朋友提供更好的服务。

再比如，之前你没怎么出去旅行过，现在你准备开展第一次欧洲之旅。如果你曾经跟某个旅行社的朋友分享过，那你的旅途就会更快乐、更省钱。因为他或她是你的朋友，你肯定会得到更为个性化的服务。

合同条款 51：与人分享我的天赋和能力 ♀♂

我会强迫自己走出去参加活动，跟人分享我的天赋和能力。这不仅仅是为了工作，还为了更重要的事情：我的生活，还有心爱的人的福祉。

手法 2

未雨绸缪

在我的圆桌骑士中，最重要的应该是杰夫。他也是个演讲家，总是无私地给我帮忙。他向自己的客户推荐我，只要我需要了解圈子里的内幕消息，我就会给他打电话。

不久前，他打电话来说，他心爱的弟弟、太太和两个孩子打算来纽约玩，特别想看《狮子王》。那一阵子，《狮子王》是最抢手的演出，就连周三的日场票，你都得提前一年预约。可他们想要周五晚上的票！

杰夫，跟任何一位不住在纽约的美国人一样，以为我既然住在这个地界，就肯定有人脉能搞定这个不可能的任务。没问题，杰夫。

唉，真蠢啊，我的回答一字不差，“没问题，杰夫。”挂上电话，我琢磨着该去哪儿给杰夫的弟弟、太太、小家伙阿曼达和米切尔搞到《狮子王》的票。我一个票务大亨也不认识，我也不认识那种总能帮客户搞到演出票的公关大腕。我甚至连厚脸皮的黄牛票贩子都不认识，没法非法用天价买到票。我心情恶劣至极，因为杰夫给我帮了那么多忙。现在我有机会给人家帮忙，却只能让人家失望。

我认识的人里头只有一个勉强跟剧院沾上边：演员帕姆。可她跟绝大多数当演员的人一样，95% 的时间都没事可做。真有活干的时候，拍的戏也难有机会打入百老汇。她离百老汇最近的活动，也就是到我位于外百老汇的办公室干干兼职的秘书工作。“好吧，”我对自己说，“值得试试看。”可我知道，八成也是白试。

我没抱期望地给帕姆打了个电话，跟她说清了情况。她说等会儿给我回电话。结果我刚挂上电话，她就打过来了，说她有 99% 的把握能弄到周五的票——如果他们不介意分开坐的话。

我惊讶得下巴都快砸到脚面上了。我勉强支支吾吾说成了句：“呃，呃，呃，帕姆，你是怎么搞定的？”

原来，她正跟一个演员约会，这个演员白天的工作是在演《狮子王》的那个剧场卖票。他说，总有人由于行程取消之类的原因来退票。要是有人掏点好处贿赂贿赂他，什么好处都行——从金钱到头胎宝宝——他会把退掉的头四张票留给远道而来的杰夫一家，而不是卖给在剧院外扎堆等票的人群。

感谢老天，感谢帕姆。我太幸运了。可我不能总指望朋友的约会对象在热门演出的售票处工作啊。就算我可以，他也未必愿意把票留给女朋友的朋友的朋友的家人。那一刻我下定了决心，要研究研究谁能搞到热门票，再把此人列在我想与之分享的名单上。（你可能发现了，我没说我做到了没有。免得所有的外地朋友都跑过来找我买票。）

想想看，明年你可能会碰到什么事。然后想想谁可能会帮得上忙。

手法3

才干分享指南

不少讲经营人脉的书都会告诉你，如何悄悄接近那个人，引起他的注意，让他喜欢你，然后得到你想要的东西。但咱们的做法刚好相反。这本分享手册要先讲“你能拿出什么”。不是有句话吗，施比受有福。（而且这也是个更为聪明的做法。）

想想看，你有什么本事、天赋或知识，可以让认识你的人受益。很多天赋都跟工作领域没关系。例如，我的柏拉图室友菲尔，他是个自由商业作家，没什么钱，也没什么名气，路子也不广。可菲尔有大把大把别的能力，足以让他成为一位优秀的骑士，坐到谁的圆桌上都没问题。

菲尔是个极其执着的电脑天才。要是朋友的软件出了问题，他不眠不休也要把问题解决掉。事实上，只要是朋友遇到了任何跟电脑有关的问题，他就把这当成自己的事儿，永不厌倦地摸索，直到找出答案为止。有时候我觉得菲尔就像个坐着火箭、不知疲倦的金毛寻回犬，你把这火箭发射到数字空间去，他就会妥妥帖帖地衔着你需要的信息，摇着尾巴安全回到地面上来。

他还有个思维极其缜密的法律头脑，像个拿着电筒值夜的保安一样，尽职尽责地巡查合同里的每个角落。然后他就像猴子逮虱子似的，挑出所有可能有毛病的合同条款，讲给你听。

他的好处还有很多。他从不说任何人的坏话，对朋友极其忠诚。当今社会，这些素质都是无价之宝，掏钱也买不到。

或许，你就是朋友们的菲尔。你的好处未必跟他一模一样，但你肯定有些别的能力，让你成为朋友的无价之宝。有一条是肯定的。你是个信息来源，可以提供一切你知道的东西。你懂得越多，学习得越多，你这个骑士就越称职。

对有些人来说，如果他们把人脉关系看作付出，而不是接受，事情会容易得多。想象一下，亚瑟王的圆桌前，围坐着 150 位骄傲的骑士，而你是其中一员。轮到你上前受封的时候，你要说出三条人们为什么想跟你交朋友的原因。

原因可能有 50 条之多，缩减到寥寥三条并不容易。哪方面的都行，从你拥有的能力，到掌握的某项知识都可以。

比如说，你是个特别诚实的人，那么每个有幸认识你的人都能很安心，因为从你这儿听到的肯定是真话。或许你特别了解现代的摇滚乐团，那大家就可以请你推荐，该买哪个演唱会的票。或许你对园艺特别熟，那你可以告诉朋友们，他们花园里该种些什么。

如果你想不出来，就去问问家人或朋友，看看他们认为你哪里很有价值，哪些能力可以与人分享。人往往不知道，自己的天赋会对朋友那么重要。

人脉关系对孩子也有好处

克丽丝汀是个单身妈妈，也是个牙医助理。她正为我的一个朋友准备小型茶会，庆祝这位朋友的新书出版。喝茶的时候，她的女儿们兴奋地乱跑着，为开心的下午做准备。家里刚买了个微波炉，小丫头们开心死了——真的能做爆米花耶！而且还不用放油！她们爆了一大桶，决定拿到家门口搭配柠檬汁去卖。她们写了个广告："柠檬汁，25美分。爆米花，15美分。"然后冲到草坪上去开小店了。

一小时后，大女儿莎拉呜呜地哭着进屋了。"妈妈，我们卖了几杯柠檬汁，可没有人买、买、买我们的爆米花。我们还剩下好、好、好大一桶。"

我们尽力安慰小姑娘，跟她说那不是她的错，因为大家不愿意在大热天里吃爆米花。此时电话响了。克丽丝汀过去接，我听见她在厨房里跟对方说爆米花的事。然后她沉默了几分钟。接下来我听到的是，"这主意太棒了，我们这就试试看。"

克丽丝汀开心地笑着回来了。"莎拉，去拿蜡笔和纸来。帮你卖爆米花。"莎拉用小手抹掉眼泪，跑去拿工具。我问克丽丝汀刚才是谁，她说，那是个新认识的朋友，是在全国职业妇女协会举办的活动上认识的。她是个广告文案撰稿人，想找个好牙科专家治牙根管，所以打电话向克丽丝汀咨询意见。知道爆米花事件后，她建议说，把广告词换一换。

莎拉带着蜡笔和纸回来了，小脸上一副极其信任妈妈的表情——妈妈要用彩色的魔杖来施魔法啦。妈妈的确要施魔法。她拿出蜡笔，在纸上用稚拙的字体写了几句话。她要莎拉和阿什莉把这张纸贴出去。莎拉问上面写了些什么，克丽丝汀简单回答说："这些是有魔力的话，会把人吸引过来买爆米花。"

她说得没错！一个小时后，两个小姑娘筋疲力尽地回来了，但是脸上带着灿烂的笑，一起拉着一个大空桶。

那位在麦迪逊大街工作——曾为内曼·马库斯精品百货店和凯迪拉克撰写文案的广告人——支了什么招呢？

"唯有今天。柠檬汁50美分一杯，附赠爆米花——没有黄油，没有盐，没有卡路里，没有味道。”

每个看见这个招牌的路人都驻足大笑，当然他们都要尝尝这“没有味道”的爆米花。就连开车经过的人也指指点点，很多人停下车子，来买柠檬汁，品尝无味爆米花。

这位广告文案撰稿人不曾想到，自己的才能会帮助一个有两个孩子的牙医助理，你也一样，你多半也不会想到自己的才能会帮人家的忙，但我敢肯定，这事肯定会有。骑士不一定次次都会做出伟大的事业，骑士也可以干点小小的好事。但对于克丽丝汀这位单身妈妈来说，女儿的快乐可不是小事。

合同条款 52：骑士的分享 ♀♂

身为亚瑟王的 150 位圆桌骑士之一，我呈交以下三项最优秀的本领：

（1）____________________________

（2）____________________________

（3）____________________________

朋友们有需要的时候，我会无私地分享这些本领；他们赠予我的时候，我也会大方接受。

____

手法 4

买份“朋友保险”

现在，你知道了自己能够付出什么，希望你对此很开心。下面咱们开始谈谈另一件开心的事情：从别人的分享中你能够得到什么。最近我看见了一个网上银行的广告，上头是一大堆塑料的浴室小黄鸭，乱七八糟地散落在地板上，还有一堆好像要争先恐后地挤进壁橱。这一对乱糟糟的景象下，写了一个词：“我的生活。”第二幅图片是整整齐齐的一列小鸭子，一个接一个地跳下去游泳，队伍一丝不乱。底下的词是：“我的财务。”

几年前，我的生活就像这个广告所示。一幅图片是我装扮完好，准备去做演讲。我会穿着有型有款的套装，精心熨烫的衬衫，亮晶晶的鞋子，仔细修剪的发型，刚刚涂好的、跟唇膏颜色绝配的指甲油。下头的字应该是“我的事业”。第二幅图片下的字是“我的汽车”。那是一辆已经开了十年的老爷车，经常出入汽修店，令我头痛不已。

我干嘛不换辆新车呢？不是因为我没钱。不是因为我不想买新车。只是因为我对车子一窍不通，也不认识一个懂车子的人！因此，年复一年，我只得把痛苦的买车过程往后拖延。与此同时，确保我的汽车协会会员卡和额外拖车保险单据放在车子的储物箱里。

然后发生了一件事，可谓当头棒喝。那天我开车到一个娱乐中心做演讲。绕到楼后面停车的时候，我看见两名工人正向大楼走去。由于不知道大楼的正门在哪儿，我停好车后快走了两步，跟上他们。此时我听到其中一个说，“你看见那个演讲的人开的破玩意儿没有？”

天啊！我下定决心要马上买辆新车。结果，我的车子买贵了，多花了几千美元，没买到物有所值的好车。可这就是代价——我在汽车这个方面，没买“朋友保险”。

我今后再也不要犯这种错误了。我也下定决心，凡是我能预想到的窘境，我都要有个懂行的朋友。我要在我的圆桌骑士名单中加入汽车销售员、会计师、医生、律师、汽修师傅、水管工……这个清单还有很长。对你来说也是一样。

为什么相亲聚会上男女速配成功的概率要大过别的场合呢？比如博物馆？因为人们去参加相亲，就是为了寻找爱情。他们的心态更加开放，更容易接受爱。每一位异性都是潜在的约会对象。

当我们严肃认真地对待“分享才干”这件事的时候，我们就会把遇到的每一个人都看成潜在的骑士。下次你姐姐说要跟一个游船船长约会的时候，忍住别开玩笑，“唷，要是他把你跟你的行李都带上游船，那他得搞个大船才行，哈哈哈！”相反，请姐姐介绍你们认识。弟弟要跟会计师约会？别问人家女孩子有没有会计的主要特征——“呆板得吓人，没有想象力、羞怯、懦弱、没幽默感、乏味、单调得要死。哈哈哈。”相反，去见见她。

你这一辈子里，很可能要买上 6 辆车、粉刷 4 所房子、搬家 5 次、买 12 份保险、出国旅行 4 次、买无数件电器。你要请 36 次水管工，16 次电工。此外，你还要外出吃饭数千次，跟六七位律师打交道，每天都要买食品、打电话。

想要把这些事儿干得合算，你的分享清单上肯定得有汽车销售员、粉刷工、水管工、电工、搬家工人、保险代理人、旅行代理人。

这样一来，你可以拿到食品和用品的内部消息。你也应该去结识一些在大型电器商场、百货商场、电话公司工作的人，这些朋友能提前告诉你优惠信息，如果你们是密友的话，他们没准能用自己的员工折扣价帮你买呢。

把下面“我的朋友保险单”逐项填完，每行至少填上一个跟你有私交的人，你就会有一份相当可观的朋友保险单了。

合同条款53：招募圆桌骑士 ♀♂

我会经常主动寻找那些我喜欢的、有专长的人，跟他们分享我的才能，尽力成为他们的朋友。我要把“朋友保险”中的每一项都填上名字。

____

我的朋友保险单

在下面的清单中，你会发现少数几个“骑士”只对某些特定的人有意义。比如，跳伞冠军或学校董事可能是你的伟大骑士，可我既不跳伞，也不用操心孩子上学的事情，这些对我来说就不重要了。我宁可有杰夫这样的朋友，参考他关于演讲者协会的一切知识，但你可能会觉得这些很无聊。最后的那几行，是留给你的“量身定制”骑士的。

如果你不付保费的话，保险条款就会失效。朋友保险也是一样，你不付保费，朋友就会退化成“熟人”。保费贵不贵？跟收益相比，是非常便宜的。你只需要偶尔寄张卡片，发封电邮，打个电话，或是帮他们剪下感兴趣的报纸杂志文章，寄去生日卡片和节日贺卡。把这些行为看成是添柴加薪，让友谊始终保持温暖。

在友情中，呵护友情与深度沟通同样重要。我住在法国的时候，常去一家小健身房。我和老板夫妻俩从未交流过任何内心深处的情感或价值观（主要是因为我不会用法语说这些东西，而且他的英语比我的法语还差），可我们相处得很不错。每年我们都会互寄圣诞贺卡，他偶尔会坐下来给我写封信。没错，那种老式的信——钢笔、纸张、信封、邮票，一整套。

我在法国工作的时候，很多人跟我要亲近得多。可是，由于阿兰和夏洛特夫妇跟我一直保持着联系，我们仍然是朋友。我经常邀请他们过来相聚，我也知道，在那个临海的法国小镇 La Boule，也永远有我的一个床位。

填写下面的清单的时候，你会奇怪，“我要兽医干嘛用？我压根没养宠物啊。”你或许不需要兽医，但请记住，骑士的准则是“我为人人，人人为我”。很可能你的骑士军团中，有人养了狗，说不定哪天就需要找兽医了。

专长	**我认识的人**
会计	________________
艺术家	________________
银行家	________________
汽修师傅	________________
社团领袖	________________
官员	________________

消防队员

猎头

高职位的警察

粉刷工人

保险专家

律师

当地名人

媒体人士

房产中介

宗教领袖

旅行代理人

树木造型专家

兽医

其他类型的骑士　　姓名

不够？别停下来，再拿张纸！

手法 5

远亲不如近邻

很多年前，我去非洲玩，那边有个酒店，里头有个可以安全观察动物的鸡尾酒吧。饮料餐巾纸上印着“动物清单”。每次你看见了一头长颈鹿或大象经过，你就可以在上头打个钩。

别怕有“功利”的嫌疑，把前面的清单印在你脑海里的“餐巾纸”上。去参加每场鸡尾酒会或其他活动的时候，看看有谁符合这张单子。可能会有几个人比上述所有的人都必要。比起最棒的律师、本地最高级别的政治家、最著名的名流，这些人给你的帮助可能会更大。你能猜到是谁吗？（提示：不，不是家人。）

告诉你答案之前，让我先垒个讲坛。我在慢慢“布道”的过程中，没准你就猜出答案了。

我们的国家很有福，是个自由的国度。人们可以自由地迁移，自由地选择工作，自由地结交朋友、笃信宗教、教育孩子。美国真是个不错的大熔炉，而且变得越来越多样化。我们的生活方式在不停地改变。在美国，唯一不变的事情就是改变。

如今，美国人口中有四分之一是有色人种——非裔、西班牙裔、亚裔，而且越来越多元化了。到 2030 年，这个数字会达到 43%，2050 年将会过半。

同时，我们的生活方式也越来越多元。开车机会变少了，远程办公增多了。年龄在 25 岁到 34 岁之间的女性中，有 75% 的人在工作，所有女性中，60% 在工作。

多元化不只是体现在工作中。我们的左邻右舍也很多元。任意找个地点，方圆一英里之内，不难找到多元文化的代表。金钱不再集中在白种人的银行里了。事实上，美国最富有的是亚太裔人口，他们受教育程度更高，每户平均收入是最高的。此外，美国人口中有六百余万来自墨西哥，还有一百万是居住在美国的菲律宾人。[77]

说起生活方式，你的邻居可能是上班族，也有可能是不上班的，左邻右舍有可能是远行去办公的，也有可能只是在家办公。

在职场中，企业界做出了值得嘉奖的努力，花费了数以百万计的美元，促进不同性别和种族间人们的理解和沟通。随着沟通的广泛和深化，职场中出现了令人称道的跨文化友谊。

现在你猜到我要说什么了吗？没错，我们需要与之增进沟通、建立友情的人就是左邻右舍。如今能认识二十几位邻居的人可谓凤毛麟角。（在我居住的纽约，如果你认识邻居，真是件值得奇怪的事情。就算是住在你隔壁的人，你也不知道他们叫什么！）

多年前，我出差在外的时候，有个杂志上刊登了一篇关于我演讲工作的报道，颇多溢美之词。杂志社还把我的电话号码给登了出来，于是，我美滋滋地幻想着，我的电话肯定被潜在的巨头客户们打爆了吧。

文章刊登出来第二天，我忍不住拨电话回去听留言。我掏出笔和记事簿，准备记下客户的电话号码。我的电话响了一两声，然后答录机中跳出来一个冷冰冰的语音通知：“对不起，此电话不能留言。再见。”

再见！谢谢你啊，答录机。这就是我所有的巨头客户们即将听见的话。没关系的，再见了，客户们。

我找出了毛病。录语音留言的时候，我肯定是按错了键，结果就变成自动语音答复了。我的电话不够先进，没法子远程遥控修改设置。可要是有个大活人在，只要按个键就行了——答录机就能立即正常运转，播放那些我专门为对大腕客户们录下的、才华横溢的留言了。

可我该打给谁呢？我的室友不在家，楼里没有一个人有我家钥匙。就算他们有，我也不愿请人家帮这个忙。这就是独居在大城市的悲哀。

自那以后，我在研讨会上总是讲起这个故事。我惊讶地发现，很多住在更为安全的区域里的小型社区的人都碰到过相同的问题。“我该打给谁呢？”

想想这个问题吧。假设你在参加一个工作晚宴，餐馆离家有一小时的车距。领班过来跟你说，有个紧急电话找你。结果是你家保姆打来的，听上去她都吓傻了。她说你 3 岁的小女儿把自己锁在了浴室里，哭得昏天黑地。这时你该打给谁?

再举个例子。假设你正在安睡，妹夫突然抓狂地打来电话说，你妹妹大概就要生了，而他的车子发动不起来。

“冷静，”你告诉他，“我马上就来，”你匆忙套上牛仔裤，却突然想起来，“完了，我的车送去修了！”这时你该打给谁?

你碰上过这种事吗？我就碰见过。你正开开心心地在高速路上开车，听歌哼小曲。然后是美联社新闻播报。都是些平常事情——遥远地区发生战争和暴乱。遥远地区遭受飓风、龙卷风、暴雨袭击。遥远的华盛顿的新闻时事。然后是本地新闻。重大消息，某处发生火灾——老天爷啊那不就是我家小区吗？你都快把油门踩到底了。你冒着吃罚单的风险，可你得搞清楚你家现在到底还是幢房子呢，还是成了一堆灰。你冲进最近的休息站，抢进电话亭，可是……可是你该打给谁?

生活中会遇到很多这样的事情。答案是：打给一个好邻居。

我的睦邻账户

想从银行账户里提款，你得先存钱。对待邻里也是一样。你得先付出一些感情投资，才能日后请人家帮忙。

该怎么往睦邻账户里存钱呢？方法数不胜数。街上碰面的时候，停下来聊几句。开个小派对，邀请邻居们来参加。那些对邻居们不熟的人会格外感激你。因为他们有机会结识邻居了，而他们自己可能太过羞涩，不好意思主动去认识人家。

邀请一些邻居到家里吃晚饭，或吃早午餐。如果你知道哪个电视节目大家都爱看，请他们来跟你一起看。如果你知道他们特别喜欢某个明星或导演，而你正好有碟，邀请他们过来一起看。单身独居的人特别珍视这种机会。成家的人往往意识不到，当夜幕降临，漫漫长夜到来之时，独居的人是多么孤单。

出门旅行的时候，给邻居们买点小东西。更好的是，给他们的孩子带个小礼物。你也可以留心他们的“特殊日子”，到时候送他们一张贺卡。

你的左邻右舍是不是多半都是已婚夫妇，夹杂着一两个单身或离婚的人？你认识的人里头，有没有跟他们般配的？给他们个惊喜，安排个突如其来的约会给他们。这个礼物很不错！

若是遇上暴风雪或其他恶劣天气，给邻居打个电话，看看他们是否遇上什么麻烦。这就好比你把他们看成家人一样，让他们知道你随时乐意帮忙。知道邻居关心自己，这种感觉很温馨，尤其是对于老年人来说。

如果有新邻居搬进来，邀请他们到家里喝茶。嘿，这可不是什么新鲜主意。1922年，埃米莉·波斯特（Emily Post，1872–1960，美国著名的礼仪专家。——译者注）就定下了规矩。你必须邀请新邻居来家里喝茶。

或许有一天，左邻右舍就是你最重要的“家庭成员”，而这一切都要归功于你平日里经营的亲近关系。

合同条款54：睦邻友好条约 ♀♂

每月至少一次，我要在下列清单中选择一项，存入睦邻账户：

1. 开个派对。
2. 给一位新邻居打个电话。
3. 邀请一位邻居来吃晚餐，或是周末过来吃个早午餐。
4. 邀请一位邻居来看球赛，或奥斯卡颁奖之类的。
5. 送邻居或他们的孩子一个小礼物。
6. 策划一个惊喜——给单身邻居准备个盲约？
7. 给邻居打两个联络感情的电话，特别是给孤身一人的。

手法6

寻找昔日的朋友和爱人

“是在那次夏令营吧？嗯，是那次在老爸的旧福特车里的双人约会吧？不是，不是，肯定是上课的时候坐了邻桌。对，是拉丁语课。不管是怎么认识的，我们发誓一辈子都是好朋友。她如今在哪儿呢？”我很想知道。

“他是第一个把手伸到我毛衣下头，在我耳边低语‘我爱你’的男孩子。我俩抬头看天的时候，星星好像灿烂的焰火。我们发誓要天长地久。他如今在哪儿呢？”我很想知道。

只要我在某个以前没来过的城市里开车，不知是何原因，这样的记忆就会在挡风玻璃上闪现。或许是因为我不知道他们现在住在哪里，而且间或会有人开车从我身旁驶过，长得很像多年不见的老友或旧情人，我就会把油门踩到底。

可随后，我不得不提醒自己，那个开车经过的人长得只是像当年的她或他，而不是他们现在的模样。

有人说，如果你站在纽约第四十二街和百老汇的交叉口，你迟早会见到每一个旧相识。在那儿排队买半价票的时候，我在那个街口站了很长时间。有时候，长发乞丐过来要钱，我低声咕哝一句“老嬉皮”；有时候，我会跟女友悄悄议论，刚才过去的那个裹着貂皮大衣的名人显然整过容了。

那个老嬉皮会不会就是当年在星空下给我初吻的那个男孩子呢？那个显然整过容的女子会不会就是当年发誓要做我好姐妹的女孩子呢？有那么多人曾被我称作“最好的朋友”，他们开车经过我身旁，或是驶离路边，消失在我的后视镜里。那些一度被我深深信任，可以彼此分享最秘密心事的人，如今已成陌生路人。

一年多以前，我在豪雨中从洛杉矶沿着海岸高速公路驱车前往圣地亚哥，这是一场格外忧郁的旅程。到达之后，我去网上搜索，就像手指摸上了占卜板一样，我开始把每次雨刷挥过时闪现在眼前的老友名字都输入了搜索框。十几个都没有音讯，可我找到了三个人。

我找到了艾琳，大学时代最好的朋友。当年她想做个葡萄牙民谣歌手。如今她是个筹款人，把里斯本的乐团介绍给美国人。还有里基，我的第一个男朋友，做了自己的网页。里基当年打算专业从事赛马场马匹的养殖，可网页上没提赛马的事儿，倒是说了他在我们老家那儿拿到了福特汽车的代理权。还有货真价实的亲英派珍妮。她要出任驻英大使了。屏幕上出现了一系列曾在国际英语联合会上做演讲的嘉宾名单，她的名字赫然在列。

要是他们的手指也点中我的网页呢？他们会不会微笑着想起我那些夸张的梦想，感慨梦想与现实的巨大差异呢？

给他们打电话之前，我反复想了好久。他们住在不同的城市，因此我决定让命运去决定我们是否应该相见。如果我的工作把我带到了距他们几百英里的范围内，那就是命运想要我们重逢。

现在，他们三个我已经都见过了，给我一千美元我也不换。里基和我回忆起当年岁月——轻轻的触摸都像置身仙境，耳畔的低语都像雷霆般震撼。珍妮和我笑啊笑，直到流下泪来。艾琳跟我激动得相拥在地板上打起滚来。我们都忘记了，心中竟然还有如此浓烈的情感。

我想不想再次见到他们？他们还想再次见到我吗？大概不会。可是我们见面的经历太特别了，因此我强烈建议你也这样做。无论你使用这本《吸引力是这样炼成的》中的条款赢得怎样的新朋友或新爱人，请跟老朋友们也联络一下吧，这会让你的人生变得更加充实多彩。

合同条款 55：寻找昔日的朋友和爱人 ♀♂

我要去寻找昔日的朋友和爱人（在不伤害到现在爱人的前提下），至少各找一位。我会跟他们共处几个小时，除了品味那些共同经历过的特殊情感之外，别无他求。（或许我会明白，为何我会在后视镜中错过了他或她。）无论发生什么，或是什么也没发生，我都知道，我们都收到了一份无价的礼物。我们对自我都有了全新的、更深的认识，我们将带着这种感觉，各奔前程。

原书参考文献

1. Potts, Marilyn K. “Social Support and Depression Among Older Adults Living Alone : The Importance of Friends Within and Outside of a Retirement Community.” Social Work 42 (1997) : 340-363.
2. Rotundo, E. A. American Manhood : Transformations in Masculinity from the Revolution to the Modern Era. New York : Basic Books, 1993.
3. Snyder, M., E. Berscheid, and P. Glick. “Focusing Relationships.” Journal of Personality and Social Psychology 48 (1985) : 1427-1439.
4. Aleman, Anna M. Martiez. “Understanding and Investigating Female Friendship’s Educative Value.” Journal of Higher Education 68 (1997) : 119-140.
5. Sternberg, R. J., and S. Grajek. “The Nature of Love.” Journal of Personality and Social Psychology 47 (1998) : 12-29.
6. Wright, Paul H. “Men’s Friendships, Women’s Friendships, and the Alleged Inferiority of the Latter.”Sex Roles : A Journal of Research 8 (1982) : 1-20.
7. Roberto, Karen A. “Qualities of Older Women’s Friendships : Stable or Volatile.” International Journal of Aging and Human Development 44(1997) : 1-15.
8. Wartik, Nancy. “The Surprising Link to Longer Life.” McCall’s 124 (1997) : 104-109.
9. Mallow, T. E., A. Yarlas, R. K. Montvilo, and D. B. Sugarman. “Agreement and Accuracy in Children’s Interpersonal Perceptions : A Social Relations Analysis.” Journal of Personality and Social Psychology 67(1995) : 692-702.

10. O'Brien, S. F., and K. L. Bierman. "Conceptions of Perceived Influence of Peer Groups : Interviews with Pre-adolescent and Adolescents." Child Development 59 (1998) : 1360-1365.
11. Merten, D. E. "The Meaning of Meanness : Popularity, Competition, and Conflict Among Junior High School Girls." Sociology of Education 70 (1997) : 175-191.
12. Sprecher, Susan. "Insiders' Perspectives on Reasons for Attractions to a Close Other." Social Psychology Quarterly 61 (1998) : 287.
13. Burgoon, J. K. "Interpersonal Expectations, Expectancy Violations, and Emotional Communication." Social Psychology Quarterly 61 (1993) : 287.
14. LaFontana, Kathryn M., and Antonius H. N. Cillessen. "Children's Interpersonal Perceptions as a Function of Sociometric and Peer-Perceived Popularity." Journal of Genetic Psychology 160 (1999) : 225.
15. "The Possible Woman." Annual women's leadership conference organized by Linda Wind of Kennesaw State University : possiblewoman@mindspring.com.
16. James, Deborah, and Sandra Clarke. "Women, Men and Interruptions : A Critical Review." In Gender and Conversational Interaction, edited by Deborah Tannen, 231-280. New York : Oxford University Press, 1993.
17. Clancy, Patricia. "The Acquisition of Communicative Style in Japanese." In Language Acquisition and Socialization Across Cultures, edited by Bambi B. Schieffelin and Elinor Ochs, 213-250. Cambridge : Cambridge University Press, 1986.
18. Ueda, Kieko. "Sixteen Ways to Avoid Saying 'No' in Japan." In Intercultural Encounters with Japan : Communication-Contact and Conflict, edited by J. C. Condon and M. Saito, 184-192. Tokyo : Simul., 1974.
19. Sobal, J., and A. J. Stunkard. "Socioeconomic Status and Obesity : A Review of the Literature." Psychological Bulletin 105 (1989) : 260-275.
20. Anderson, J. L., C. B. Crawford, J. Nadeau, and T. Lidnberg. "Was the Duchess of Windsor Right : A Cross-Cultural Review of the Socioecology of Ideals of Female Body Shape." Ethology and Sociobiology 13 (1992) : 197-227.
21. Harrison, Kristen. "Does Interpersonal Attraction to Thin Media

Personalities Promote Eating Disorders?" Journal of Broadcasting & Electronic Media 41 (1997)：478-501.

22. Smith, Jane E., et al. "Single White Male Looking for Thin, Very Attractive..." Sex Roles 23 (1990)：675-685.

23. Barber, Nigel. "Secular Changes in Standards of Bodily Attractiveness in American Women: Different Masculine and Feminine Ideals." Journal of Psychology 132 (1998)：87-95.

24. Wiederman, Michael W., and Shannon R. Hurst. "Body Size, Physical Attractiveness, and Body Image Among Young Adult Women：Relationships to Sexual Experience and Sexual Esteem." Journal of Sex Research 35 (1998)：272-282.

25. Czechowicz, H., and C. L. Diaz de Chumaceiro. "Psychosomatics of Beauty and Ugliness: Theoretical Implications of the Systems Approach." ClinicalDermatol (CLD) 6 (1997)：9-14.

26. The National Speakers Association annual conference, July 1997, opening address by several of the officers.

27. Morman, Mark T., and Kory Floyd. "Overt Expression of Affection in Male-Male Interaction." Journal of Research 38 (1998)：871-882.

28. Arkowitz, H., et al. "The Behavioral Assessment of Social Competence in Males." Behavioral Therapy 6 (1975)：3-13.

29. Henderson, Lynn. "Mean MMPI Profile of Referrals to a Shyness Clinic." Psychological Reports 80 (1997)：695-703.

30. Pilkonis, P. A., C. Heape, and R. H. Klein. "Treating Shyness and Other Psychiatric Difficulties in Psychiatric Outpatients." Communication Education 29 (1980)：250-255.

31. Izard, C. E., and M. C. Hyson. "Shyness as a Discrete Emotion." In Shyness：Perspectives on Research and Treatment, edited by W. H. Jones, J. M. Cheek, and S. R. Briggs, 147-160. New York：Plenum, 1986.

32. Hamer, R. J., and M. A. Bruch. "Personality Factors and Inhibited Career Development：Testing the Unique Contribution of Shyness." Journal of Vocational Behavior 50 (1997)：382-400.

33. Sanderson, W. C., P. A. DiNardo, R. M. Rapee, and D. H. Barlow. "Syndrome Co-Morbidity in Patients Diagnosed with DSM-III Revised Anxiety Disorder." Journal of Abnormal Psychology 99 (1990)：308-

312.

34. Capsi, A., G. H. Elder, and D. J. Bern. “Moving Away from the World : Life-Course Patterns of Shy Children.” Developmental Psychology 24 (1988) : 824-831.35. Garcia, S., L. Stinson, W. Ickes, V. Bissonnette, and S. Briggs. “Shyness and Physical Attractiveness in Mixed-Sex Dyads.” Journal of Personality and SocialPsychology 61 (1991) 35-49.

36. Bruch, M. A., J. Gorsky, T. M. Collins, and P. A. Berger. “Shyness and Sociability Re-examined : A Multicomponent Analysis.” Journal of Personality and Social Psychology 57 (1989) : 904-915.

37. Cheek, J. M., and A. H. Buss. “Shyness and Sociability.” Journal of Personality and Social Psychology 41 (1981) : 330-339.

38. Goode, Erica. “Social Anxiety, Old as Society Itself, ” New York Times, 20 October 1998.

39. Noriyuki, Duane. “Breaking Down the Walls, ” Los Angeles Times, 5 February 1996.

40. Lowndes, Leil. How to Make Anyone Fall in Love with You. Lincolnwood : NTC/Contemporary Publishing, 1996.

41. Walster, Elaine, William G. Walster, and Ellen Berscheid. Equity : Theory and Research. Boston : Allyn and Bacon, 1978.

42. Morman, Mark T., and Kory Floyd. “Overt Expression of Affection in Male-Male Interaction.” Journal of Research 38 (1998) 871-882.

43. Rabinowitz, F. E. “The Male-to-Male Embrace : Breaking the Touch Taboo in a Men’s Therapy Group.” Journal of Counseling and Development 69 (1991) : 574-576.

44. Shotland, R., et al. “Can Men and Women Differentiate Between Friendly and Sexually Interested Behavior?” Social Psychology Quarterly 51 (1988) : 66-73.

45. LaFontana, Kathryn M., and Antonius H. N. Cillessen.“Children’s Interpersonal Perceptions as a Function of Sociometric and Peer-Perceived Popularity.” Journal of Genetic Psychology 160 (1999) : 225.

46. Adler., P. A., S. J. Kless, and P. Adler. “Socialization to Gender Roles : Popularity Among Elementary School Boys and Girls.” Sociology of Education 65 (1992) : 169-187.

47. New York Times, 24 April 1999, p. 14.

48. Garcia, S., L. Stinson., W. Ickes., V. Bissonnette, and S. Briggs. “Shyness

and Physical Attractiveness in Mixed-Sex Dyads." Journal of Personality and Social Psychology 61 (1991) : 35-49.

49. Kowner, Rotem. "The Effect of Physical Attractiveness Comparison on Choice of Partners." Journal of Social Psychology 4 (1995) : 153.
50. Mitchell, W. It's Not What Happens to You, It's What You Do About It. Smyrna, GA : Phoenix Press, 1997.
51. One of W. Mitchell's inspirational speeches.
52. Liebowitz, M. R. The Chemistry of Love. Boston : Little Brown, 1983.
53. Mead, Margaret. Sex and Temperament in Three Primitive Societies. New York : William Morrow, 1935.
54. Liebowitz, M. R. The Chemistry of Love. Boston : Little Brown, 1983.
55. Ibid.
56. Murray, Sandra L., and John G. Holmes. "Seeing Virtues in Faults : Negativity and the Transformation of Interpersonal Narratives in Close Relationships."Journal of Personality and Social Psychology (65) : 707-723.
57. Fisher, Helen. "The Four-Year Itch." Natural History (1989) : 22-23.
58. Ibid.
59. Liebowitz, M. R. The Chemistry of Love. Boston : Little Brown,1983.
60. Gagnon, Robert Michael, and Stuart Michaels. The Social Organization of Sexuality. Chicago : University of Chicago Press, 1994.
61. Byrne,Donn. The Attraction Paradigm. New York : Academic Press, 1971.
62. Dutton,D. G.,and A. P. Aron. "Some Evidence for Heightened Sexual Attraction Under Conditions of High Anxiety." Journal of Personality and Social Psychology 30 (1974) : 510-517.
63. Byrne, Donn. The Attraction Paradigm. New York : Academic Press,1971.
64. Ibid.
65. Perper,Timothy. Sex Signals : The Biology of Love.Philadelphia : ISI Press,1985.
66. Oguchi,Takashi,et al. "Voice and Interpersonal Attraction." Japanese Psychological Research 39 (1997) : 56-61.
67. Shumaker,S. A.,and D. R. Hill. "Gender Differences in Social Support and Physical Health." Health Psychology 10 (1991) : 102-111.

68. Moller,Lora C.,et al. “Sex Typing in Play and Popularity in Middle Childhood.” Sex Roles: A Journal of Research 26 (1992)：331.
69. Barbee,Anita P.,et al. “Effects of Gender Role Expectations on the Social Support Process.” Journal of Social Issues 49 (1993)：175-191.
70. Ibid.
71. Carli,L. L. “Gender Differences in Interaction Style and Influence：Correction.” Journal of Personality and Social Psychology 57 (1989)：964.
72. Moller,Lora C.,et al. “Sex Typing in Play andPopularity in Middle Childhood.” Sex Roles：A Journal of Research 26 (1992)：331.
73. James,Deborah,and Janice Drakich. “Understanding Gender Differences in Amount of Talk.” MS,Linguistics Department,University of Toronto.
74. Ibid.
75. Ibid.
76. Lakoff,Robin. Language and Woman’s Places. New York：Harper and Row,1975.
77. Dupont,Kay. Handling Diversity in the Workplace.Monteray,CA：American Media Publishing 1997.

书后附言

你有更多成为人气磁石的妙招？那就请你给我发个电子邮件吧，让我跟其他读者分享一下。（如果可以允许我向你致谢的话，也请一并告诉我！）或许，你只想加入我的电子通讯录，时不时收到额外的“展现更多磁力”的小贴士，获知“人气磁石”讲座在附近区域的开办通知。电子邮件请发至 leil@peoplemagnet.com，期待你的来信！

图书在版编目（CIP）数据

吸引力是这样炼成的：拥有超强人气的秘诀 /（美）莉尔·朗兹（Leil Lowndes）著；苏西译 . -- 上海：上海社会科学院出版社，2016
书名原文 : How to Be a People Magnet : Finding Friends—and Lovers—and Keeping Them for Life
ISBN 978-7-5520-1462-4

Ⅰ. ①吸… Ⅱ. ①莉… ②苏… Ⅲ. ①成功心理－通俗读物 Ⅳ. ① B848.4-49

中国版本图书馆 CIP 数据核字（2016）第 155113 号

上海市版权局著作权合同登记号：图字 09-2016-435

吸引力是这样炼成的——拥有超强人气的秘诀

著　　者：[美] 莉尔·朗兹 Leil Lowndes
译　　者：苏　西
责任编辑：李　慧
封面设计：主语设计
特约编辑：陈朝阳
出版发行：上海社会科学院出版社
上海市顺昌路 622 号　邮编 200025
电话总机 021-63315900　销售热线 021-53063735
http: //www. sassp.org.cn　E-mail: sassp@sass.org.cn
印　　刷：北京凯达印务有限公司
开　　本：710 × 1000 毫米　1/16 开
印　　张：16.75
字　　数：200 千字
版　　次：2016 年 8 月第 1 版　2016 年 8 月第 1 次印刷

ISBN 978-7-5520-1462-4/B · 132　　定价：34.80 元